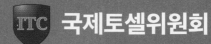

국제토셀위원회

KB056324

TOSEL
유형분석집

PRE STARTER

Section I.
Listening & Speaking

1

영어를 시작하는 단계

2

영어의 밑바탕을
다지는 단계

TOSEL

TOSEL

TOSEL

TOSEL
Cocoon

유치원생

TOSEL
Pre Starter

초등 1,2학년

TOSEL
Starter

초등 3,4학년

TOSEL

3	4	5	6
영어의 도약단계	영어의 실전단계	영어의 고급화 단계	영어의 완성단계

TOSEL

TOSEL

TOSEL

TOSEL

TOSEL
Basic

초등 5,6학년

TOSEL
Junior

중학생

TOSEL
High Junior

고등학생

TOSEL
Advanced

대학생, 직장인

About TOSEL®

TOSEL에 대하여

TOSEL은 각급 학교 교과과정과 연령별 인지단계를 고려하여 단계별 난이도와 문항으로
영어 숙달 정도를 측정하는 영어 사용자 중심의 맞춤식 영어능력인증 시험제도입니다.
평가유형에 따른 개인별 장점과 단점을 파악하고, 개인별 영어학습 방향을 제시하는 성적분석자료를 제공하여
영어능력 종합검진 서비스를 제공함으로써 영어 사용자인 소비자와
영어능력 평가를 토대로 영어교육을 담당하는 교사 및 기관 인사관리자인 공급자를
모두 만족시키는 영어능력인증 평가입니다.

TOSEL은 인지적-학문적 언어 사용의 유창성 (Cognitive-Academic Language Proficiency, CALP)과
기본적-개인적 의사소통능력 (Basic Interpersonal Communication Skill, BICS)을
엄밀히 구분하여 수험자의 언어능력을 가장 친밀하게 평가하는 시험입니다.

대상

유아, 초, 중, 고등학생,
대학생 및 직장인 등 성인

목적

한국인의 영어구사능력 증진과
비영어권 국가의 영어 사용자의
영어구사능력 증진

용도

실질적인 영어구사능력 평가 +
입학전형 및 인재선발 등에 활용
및 직무역량별 인재 배치

연혁

2002.02	국제토셀위원회 창설 (수능출제위원역임 전국대학 영어전공교수진 중심)
2004.09	TOSEL 고려대학교 국제어학원 공동인증시험 실시
2006.04	EBS 한국교육방송공사 주관기관 참여
2006.05	민족사관고등학교 입학전형에 반영
2008.12	고려대학교 편입학시험 TOSEL 유형으로 대체
2009.01	서울시 공무원 근무평정에 TOSEL 점수 가산점 부여
2009.01	전국 대부분 외고, 자사고 입학전형에 TOSEL 반영 (한영외국어고등학교, 한일고등학교, 고양외국어고등학교, 과천외국어고등학교, 김포외국어고등학교, 명지외국어고등학교, 부산국제외국어고등학교, 부일외국어 고등학교, 성남외국어고등학교, 인천외국어고등학교, 전북외국어고등학교, 대전외국어고등학교, 청주외국어고등학교, 강원외국어고등학교, 전남외국어고등학교)
2009.12	청심국제중·고등학교 입학전형 TOSEL 반영
2009.12	한국외국어교육학회, 팬코리아영어교육학회, 한국음성학회, 한국응용언어학회 TOSEL 인증
2010.03	고려대학교, TOSEL 출제기관 및 공동 인증기관으로 참여
2010.07	경찰청 공무원 임용 TOSEL 성적 가산점 부여
2014.04	전국 200개 초등학교 단체 응시 실시
2017.03	중앙일보 주관기관 참여
2018.11	관공서, 대기업 등 100여 개 기관에서 TOSEL 반영
2019.06	미얀마 TOSEL 도입 발족식 베트남 TOSEL 도입 협약식
2019.11	2020학년도 고려대학교 편입학전형 반영
2020.04	국토교통부 국가자격시험 TOSEL 반영
2021.07	소방청 간부후보생 선발시험 TOSEL 반영

About TOSEL® ——— TOSEL에 대하여

What's TOSEL?

"Test of Skills in the English Language"

TOSEL은 비영어권 국가의 영어 사용자를 대상으로 영어구사능력을 측정하여
그 결과를 공식 인증하는 영어능력인증 시험제도입니다.

영어 사용자 중심의 맞춤식 영어능력 인증 시험제도

맞춤식 평가

**획일적인 평가에서
세분화된 평가로의 전환**

TOSEL은 응시자의 연령별
인지단계에 따라 별도의 문항과 난이도를
적용하여 평가함으로써 평가의
목적과 용도에 적합한 평가 시스템을
구축하였습니다.

공정성과 신뢰성 확보

국제토셀위원회의 역할

TOSEL은 고려대학교가 출제 및
인증기관으로 참여하였고
대학입학수학능력시험 출제위원 교수들이
중심이 된 국제토셀위원회가 주관하여
사회적 공정성과 신뢰성을 확보한
평가 제도입니다.

수입대체 효과

외화유출 차단 및 국위선양

TOSEL은 해외시험응시로 인한 외화의
유출을 막는 수입대체의 효과를 기대할 수
있습니다. TOSEL의 문항과 시험제도는
비영어권 국가에 수출하여 국위선양에
기여하고 있습니다.

Why TOSEL® —————— 왜 TOSEL인가

01 학교 시험 폐지

일선 학교에서 중간, 기말고사 폐지로 인해 객관적인 영어 평가 제도의 부재가 우려됩니다. 그러나 전국단위로 연간 4번 시행되는 TOSEL 평가시험을 통해 학생들은 정확한 역량과 체계적인 학습방향을 꾸준히 진단받을 수 있습니다.

02 연령별/단계별 대비로 영어학습 점검

TOSEL은 응시자의 연령별 인지단계 및 영어 학습 단계에 따라 총 7단계로 구성되었습니다. 각 단계에 알맞은 문항유형과 난이도를 적용해 모든 연령 및 학습 과정에 맞추어 가장 효율적으로 영어실력을 평가할 수 있도록 개발된 영어시험입니다.

03 학교 내신성적 향상

TOSEL은 학년별 교과과정과 연계하여 학교에서 배우는 내용을 학습하고 평가할 수 있도록 문항 및 주제를 구성하여 내신영어 향상을 위한 최적의 솔루션을 제공합니다.

04 수능대비 직결

유아, 초, 중등시절 어렵지 않고 즐겁게 학습해 온 영어이지만, 수능시험준비를 위해 접하는 영어의 문항 및 유형 난이도에 주춤하게 됩니다. 이를 대비하기 위해 TOSEL은 유아부터 성인까지 점진적인 학습을 통해 수능대비를 자연적으로 해나갈 수 있습니다.

05 진학과 취업에 대비한 필수 스펙관리

개인별 '학업성취기록부' 발급을 통해 영어학업성취이력을 꾸준히 기록한 영어학습 포트폴리오를 제공하여 영어학습 이력을 관리할 수 있습니다.

06 자기소개서에 토셀 기재

개별적인 진로 적성 Report를 제공하여 진로를 파악하고 자기소개서 작성시 적극적으로 활용할 수 있는 객관적인 자료를 제공합니다.

07 영어학습 동기부여

시험실시 후 응시자 모두에게 수여되는 인증서는 영어학습에 대한 자신감과 성취감을 고취시키고 동기를 부여합니다.

08 AI 분석 영어학습 솔루션

국내외 15,000여 개 학교·학원 단체 응시인원 중 엄선한 100만 명 이상의 실제 TOSEL 성적 데이터를 기반으로 영어인증시험 제도 중 세계 최초로 인공지능이 분석한 개인별 AI 정밀 진단 성적표를 제공합니다. 최첨단 AI 정밀진단 성적표는 최적의 영어 학습 솔루션을 제시하여 영어 학습에 소요되는 시간과 노력을 획기적으로 절감해줍니다.

09 명예의 전당, 우수협력기관 지정

우수교육기관은 'TOSEL 우수 협력 기관'에 지정되고, 각 시/도별, 최고득점자를 명예의 전당에 등재합니다.

Evaluation —————— 평가

평가의 기본원칙

TOSEL은 PBT(Paper Based Test)를 통하여 간접평가와 직접평가를 모두 시행합니다.

TOSEL은 언어의 네 가지 요소인 **읽기, 듣기, 말하기, 쓰기 영역을 모두 평가합니다.**

문자언어
읽기능력
쓰기능력

음성언어
듣기능력
말하기능력

대한민국 대표 영어능력 인증 시험제도

Reading 읽기	모든 레벨의 읽기 영역은 직접 평가 방식으로 측정합니다.
Listening 듣기	모든 레벨의 듣기 영역은 직접 평가 방식으로 측정합니다.
Writing 쓰기	모든 레벨의 쓰기 영역은 간접 평가 방식으로 측정합니다.
Speaking 말하기	모든 레벨의 말하기 영역은 간접 평가 방식으로 측정합니다.

TOSEL은 연령별 인지단계를 고려하여 **아래와 같이 7단계로 나누어 평가합니다.**

1 단계	**TOSEL®** COCOON	5~7세의 미취학 아동
2 단계	**TOSEL®** Pre-STARTER	초등학교 1~2학년
3 단계	**TOSEL®** STARTER	초등학교 3~4학년
4 단계	**TOSEL®** BASIC	초등학교 5~6학년
5 단계	**TOSEL®** JUNIOR	중학생
6 단계	**TOSEL®** HIGH JUNIOR	고등학생
7 단계	**TOSEL®** ADVANCED	대학생 및 성인

Grade Report ———————— 성적표 및 인증서

개인 AI 정밀진단 성적표

십 수년간 전국단위 정기시험으로 축적된 빅데이터를 교육공학적으로 분석·활용하여 산출한 개인별 성적자료

정확한 영어능력진단/섹션별·파트별 영어능력 및 균형 진단/명예의 전당 등재 여부/온라인 최적화된 개인별 상세 성적
자료를 위한 QR코드/응시지역, 동일학년, 전국에서의 학생의 위치

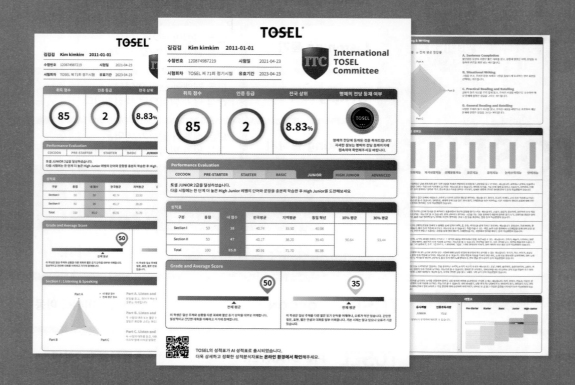

단체 및 기관 응시자 AI 통계 분석 자료

십 수년간 전국단위 정기시험으로 **축적된 빅데이터를**
교육공학적으로 분석·활용하여 산출한 응시자 통계 분석 자료

- 단체 내 레벨별 평균성적추이, LR평균 점수, 표준편차 파악
- 타 지역 내 다른 단체와의 점수 종합 비교/단체 내 레벨별
  학생분포 파악
- 동일 지역 내 다른 단체 레벨별 응시자의 평균 나이 비교
- 동일 지역 내 다른 단체 명예의 전당 등재 인원 수 비교
- 동일 지역 내 다른 단체 최고점자의 최고 점수 비교
- 동일 지역 내 다른 응시자들의 수 비교

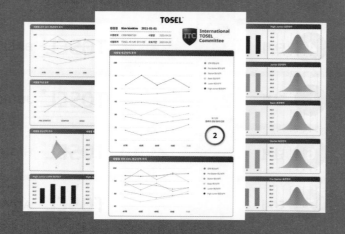

'토셀 명예의 전당' 등재

특별시, 광역시, 도 별 **1등 선발**
(7개시 9개도 **1등 선발**)

*홈페이지 로그인 – 시험결과 – 명예의 전당에서
 해당자 등재 증명서 출력 가능

'학업성취기록부'에 토셀 인증등급 기재

개인별 **'학업성취기록부' 평생 발급**
진학과 취업을 대비한 **필수 스펙관리**

인증서

대한민국 초,중,고등학생의 영어숙달능력 평가 결과 공식인증

고려대학교 인증획득 (2010. 03)   팬코리아영어교육학회 인증획득 (2009. 10)   한국응용언어학회 인증획득 (2009. 11)
한국외국어교육학회 인증획득 (2009. 12)   한국음성학회 인증획득 (2009. 12)

Grade Report —————— 성적표 및 인증서

단체 및 기관 응시자 AI 통계 분석 자료

십 수년간 전국단위 정기시험으로 **축적된 빅데이터를 교육공학적으로 분석 · 활용**하여 산출한 응시자 통계 분석 자료

정확한 영어능력진단/응시지역, 동일학년, 전국에서의 학생의 위치/섹션별 · 파트별 영어능력 및 균형 진단 /
명예의 전당 등재 여부/온라인 최적화된 개인별 상세 성적자료를 위한 QR코드

"성적표로 나의 약점을 파악하고, 유형분석집으로 보완해요!"

성적표 연계 유형분석집 200% 활용 팁

TOSEL은 1년에 4회 전국적으로 치뤄지는 정기시험을 통해 전국 15,000여개 교육기관의 실제 토셀 성적 데이터를 기반으로 국제토셀위원회, 고려대학교 언어정보연구소, 한국데이터산업진흥원, 과학기술정보통신부와 정보통신산업진흥원이 지원하는 빅데이터 및 AI 지원사업을 통해 개발한 AI 정밀 진단 성적표를 제공하고 있습니다. AI 정밀 진단 성적표의 시험 성적 결과뿐만 아니라 응시자에게 학습 방향을 제시하는 맞춤형 분석 결과를 통해 유형 분석집을 200% 활용할 수 있는 방법을 소개합니다.

> **상위권 도약**을 원하는 학생들을 위한 **자주 틀리는 유형의 소개 및 문제 풀이 전략과 공부방법**을 제시

> **최상위권 도약**을 원하는 학생들을 위해 **해당 시험에서 출제되지 않은 유형 소개**

유형분석집을 통해 부족한 유형들을 집중적으로 공부

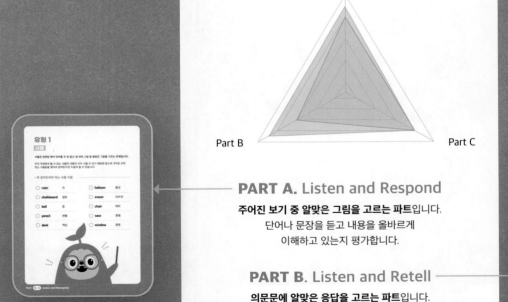

PART A. Listen and Respond
주어진 보기 중 알맞은 그림을 고르는 파트입니다.
단어나 문장을 듣고 내용을 올바르게
이해하고 있는지 평가합니다.

PART B. Listen and Retell
의문문에 알맞은 응답을 고르는 파트입니다.
각 의문사를 이해하고 질문의 의도를 파악하여
올바른 대답을 할 수 있는지 평가합니다.

PART C. Listen and Speak
대화를 듣고 알맞은 그림을 고르는 파트입니다.
대화의 주제를 파악하고 세부 사항을 이해 하고 있는지 평가합니다.

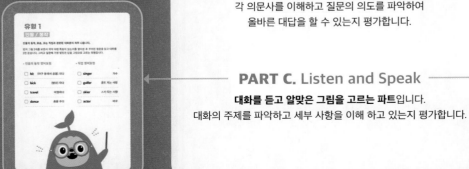

About this book

책 구조 한 눈에 보기

본 교재는 최근의 TOSEL 시험을 구성별로 차례차례 소개하는 **지침서**이며,
학습자들이 시험 유형을 **부담 없이** 숙지하고 습득하도록 교재를 다음과 같이 깔끔하게 구성했습니다.

Study Plan

4주 Plan 단기 집중 공략
8주 Plan 기초부터 실전까지 단계별로 정복

Overview

각 파트 시험 소개 및
학습 전략

Vocabulary

해당 유형의
주요 단어 소개

Example

실전보다 약간 쉽거나
축약된 형태의 문제로
해당 유형 익히기

Pattern Practice

실전보다 약간 쉽거나
축약된 형태의 문제로
TOSEL 시험 맛보기

Practice Test

실제 시험과 동일한 형태와 수준의
문제로 실전 연습하기

Appendix

TOSEL 시험에 나오는
어휘, 표현 정리

정답과 해설

Practice Test 속 문제 단어와
문제의 포인트를 잡는 명쾌한 해설

About this book

유형 분류 기준

유형분석집은 국내외 15,000여 개 학교·학원 단체응시인원 중 엄선한 100만 명 이상의 실제 응시 데이터를 기반으로 한 속성 분석 프로그램을 이용하여, 문제 유형을 분류한 것을 바탕으로 집필되었습니다.

01 **파트별 유형 설명**

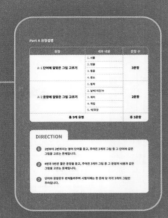

TOSEL Pre-Starter 시험의 듣기와 말하기 Section에는 **총 3개의 파트**로 나뉘어 있습니다.
각 파트별 단원이 시작하기 전에 각각 어떤 문항이 출제되는지, 어떤 종류의 유형이 있는지,
총 몇 개의 문항으로 구성되는지 등 파트별 유형 설명을 한눈에 알아보기 쉽게 정리하였습니다.

02 **파트별 학습 전략**

각 파트는 세부 유형으로 나누어 학습합니다. 본격적인 유형 학습에 들어가기에 앞서 **각 파트별
알짜 학습 전략**을 친절하게 알려줍니다. 문항을 풀 때 **문항 접근 방식 및 풀이 전략, 유형별 학습
방법** 등 학습 전략을 참고하여 심도 있고 수준 높은 영어 학습을 하기 바랍니다.

03 **유형별 핵심 단어**

수월하게 문제를 풀고 이해할 수 있도록 각 파트 시작 전, **핵심 단어를 제시**했습니다.
본격적인 학습을 하기전에 단어를 암기하기 바랍니다.

About this book

04

3단계 유형 학습

각 파트는 **세부 유형**으로 구분됩니다. 각 유형 학습은 세 단계로 나누어 학습하도록 구성하였습니다.
1단계부터 3단계까지 차근차근 학습하다 보면 자연스레 유형을 습득할 수 있도록 구성하였습니다. 세 단계는 다음과 같습니다.

Step 1. Example

유형을 처음 익히는 단계이며, 유형마다 대표 예제가 한 문제씩 제시됩니다.
학습자는 대표 예제를 해석, 풀이, 어휘와 함께 보면서 해당 유형의 문제 형태를
익힐 수 있습니다.

Step 2. Pattern Practice

유형과 친해지는 중간 단계이며, 각 유형마다 두 문항 정도가 출제됩니다.
본격적으로 학생들이 스스로 문제를 풀고, 문항 바로 다음에 해석과 해설을
꼼꼼히 수록하여 바로 정답을 확인할 수 있도록 하였습니다.
Step 1 에서 제시한 예제와 같은 패턴의 문제를 연습 하는 것이 주목적입니다.

Step 3. Practice Test

유형을 완벽히 습득하는 마지막 단계이며, 각 유형마다 두 문항이 수록됩니다.
해석과 해설은 본문이 아닌, 별책인 정답 및 해설지에 따로 제공됩니다.
학생들이 스스로 실제 문항을 풀어 보며 유형을 완전히 숙지하는 단계입니다.

About this book

05 **Appendix**

Appendix에는 유형분석집에서 제시하고 있는 모든 단어를 알파벳 순으로 정리하여 제시하고 있습니다.

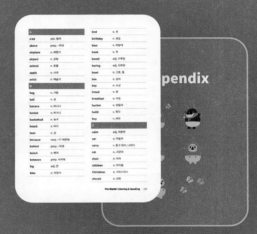

Appendix

단어들을 쉽게 찾고 공부할 수 있도록
유형분석집에 제시된 단어들을 알파벳 순으로 정리하여
제공하고 있습니다.

06 **Answer**

각 유형 Practice Test 단계에서 출제된 **문항의 해석과 해설이 수록**되어 있어 문제 풀이 후 자신의 학습 결과를 확인하고
복습할 수 있습니다.

Answer

학생들이 스스로 문항을 풀어보는
Practice Test 단계의 문제 풀이 후 오답 여부를 확인할 수 있도록
문항에 대한 해석과 해설이 수록되어 있습니다.

Weekly Study Plan

4-WEEK Plan 단기간 안에 점수가 필요한 학습자를 위한 플랜

	Day 1	Day 2	Day 3	Day 4	Day 5
Week 1	Part A-1: 1 월 일	Part A-1: 2 월 일	Part A-1: 3 월 일	Part A-1: 4 월 일	Part A-2: 1 월 일
Week 2	Part A-2: 2 월 일	Part A-2: 3 월 일	Part A-2: 4 월 일	Part A-2: 5 월 일	Part B: 1 월 일
Week 3	Part B: 2 월 일	Part B: 3 월 일	Part B: 4 월 일	Part B: 5 월 일	Part B: 6 월 일
Week 4	Part B: 7 월 일	Part C: 1 월 일	Part C: 2 월 일	Part C: 3 월 일	Appendix 월 일

Weekly Study Plan

8-WEEK Plan 기초부터 실전까지 차근차근 정복하여 TOSEL 점수를 내고 싶은 학습자를 위한 플랜

	Day 1	Day 2	Day 3	Day 4	Day 5
Week 1	Part A-1: 1 월 일	Part A-1: 1 월 일	Part A-1: 2 월 일	Part A-1: 2 월 일	Part A-1: 3 월 일
Week 2	Part A-1: 3 월 일	Part A-1: 4 월 일	Part A-1: 4 월 일	Part A-2: 1 월 일	Part A-2: 1 월 일
Week 3	Part A-2: 2 월 일	Part A-2: 2 월 일	Part A-2: 3 월 일	Part A-2: 3 월 일	Part A-2: 4 월 일
Week 4	Part A-2: 4 월 일	Part A-2: 5 월 일	Part A-2: 5 월 일	Part B: 1 월 일	Part B: 1 월 일
Week 5	Part B: 2 월 일	Part B: 2 월 일	Part B: 3 월 일	Part B: 3 월 일	Part B: 4 월 일
Week 6	Part B: 4 월 일	Part B: 5 월 일	Part B: 5 월 일	Part B: 6 월 일	Part B: 6 월 일
Week 7	Part B: 7 월 일	Part B: 7 월 일	Part C: 1 월 일	Part C: 1 월 일	Part C: 2 월 일
Week 8	Part C: 2 월 일	Part C: 3 월 일	Part C: 3 월 일	Appendix 월 일	Appendix 월 일

Table of Contents

Intro

TOSEL 소개   4
    About TOSEL - TOSEL에 관하여
    Why TOSEL - 왜 TOSEL인가
    Evaluation - 평가
    특전 - 학업성취기록부 등재 및 명예의 전당
    성적표 및 인증서 - 성적표 연계 유형분석집 200% 활용팁

About this book   12
Weekly Study Plan   16
Table of Contents   18

Answers   별책
    정답과 해설

Section I. Listening & Speaking

Part A-1
단어에 알맞은 그림 고르기

유형1	사물	24
유형2	인물	30
유형3	동물	36
유형4	장소	42

Part A-2
문장에 알맞은 그림 고르기

유형1	동작	50
유형2	날씨/시간/수	56
유형3	위치	62
유형4	직업	68
유형5	색깔/모양	74

Part B
의문문에 알맞은 응답 찾기

유형1	Who	84
유형2	What	90
유형3	Where	96
유형4	When	102
유형5	How	108
유형6	Yes/No 의문문	114
유형7	평서문/요청문/명령문	120

Part C
대화에 알맞은 그림 고르기

유형1	인물/동작	130
유형2	날씨/시간/수	136
유형3	사물/동물/음식	142

Appendix   148

Part Ⓐ Listen and Recognize

Part A 유형설명

유형	세부 내용	문항 수
A-1 단어에 알맞은 그림 고르기	1. 사물	**각 유형이 골고루 출제됨**
	2. 인물	
	3. 동물	
	4. 장소	
A-2 문장에 알맞은 그림 고르기	1. 동작	
	2. 날씨/시간/수	
	3. 위치	
	4. 직업	
	5. 색깔/모양	
총 9개 유형		**총 5문항**

DIRECTION

1 1번부터 3번까지는 영어 단어를 듣고, 주어진 3개의 그림 중 그 단어와 같은 그림을 고르는 문제입니다.

2 4번과 5번은 짧은 문장을 듣고, 주어진 3개의 그림 중 그 문장의 내용과 같은 그림을 고르는 문제입니다.

3 단어와 문장은 두 번씩 들려주며 시험지에는 한 문제 당 각각 3개의 그림만 주어집니다.

Part A-1 는 이렇게 준비하자!

❶ 주어진 3개의 그림을 미리 살펴보자

Part A-1에서는 세 개의 그림이 시험지에 주어지기 때문에 미리 그림을 본다면 어떤 듣기 내용이 나올지 짐작할 수 있습니다. 주로 사물의 이름, 인물/동물의 동작, 인물의 직업, 장소나 위치가 어디인지, 색깔, 모양, 이외에도 날씨나 시간, 가격 등 각 그림에서 가장 두드러지게 비교되는 부분을 미리 파악하는 것 이 도움이 됩니다.

❷ 우리 주변에 있는 사물, 또는 상황을 영어로 알자

TOSEL 시험은 우리 주변 가까이에 있는 것들 또는 자주 일어나는 일들에 대한 내용을 다룹니다. 따라서 주변에 있는 사물의 이름들, 현재 자신이 하고 있는 동작이나 주변 사람들이 하고 있는 동작, 오늘의 날씨 등 가까운 곳에 있는 것들의 영어 단어와 표현에 관심을 갖고 알아두는 것이 도움이 됩니다.

VOCABULARY

n	**motorcycle**	오토바이
n	**mirror**	거울
n	**globe**	지구본
n	**guitar**	기타
n	**grandfather**	할아버지
n	**mouth**	입
adj	**worried**	걱정하는
adj	**angry**	화가 난

n	**playground**	놀이터
n	**ladybug**	무당벌레
n	**garage**	차고, 주차장
adj	**bored**	지루해하는
n	**bakery**	빵집
n	**table**	탁자
n	**farmer**	농부
adj	**excited**	신이 난

유형 1
사물

사물과 관련된 영어 단어를 두 번 듣고 세 개의 그림 중 알맞은 그림을 고르는 문제입니다.

우리 주변에서 볼 수 있는 사물의 이름이 모두 나올 수 있기 때문에 평소에 가까운 곳에 있는 사물들을 영어로 알아둔다면 도움이 될 수 있습니다.

• 꼭 알아두어야 하는 사물 이름

☐ ruler	자		☐ balloon	풍선
☐ chalkboard	칠판		☐ eraser	지우개
☐ bell	종		☐ chair	의자
☐ pencil	연필		☐ vase	꽃병
☐ desk	책상		☐ window	창문

Step 1. Example

Q

🎧 **Boy:** truck

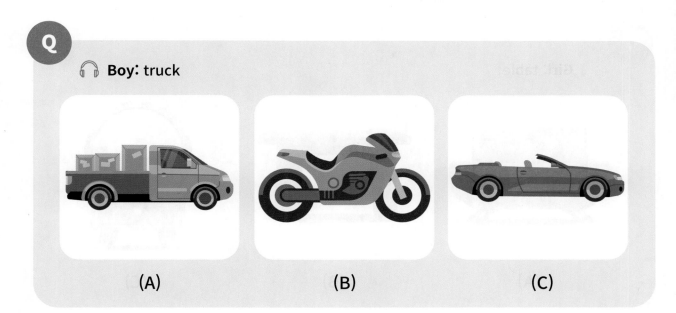

(A)　　　　　　　(B)　　　　　　　(C)

🔊 **해석**　　🎧 소년: 트럭

💬 **풀이**　　정답 **(A)**

세 그림 모두 차 종류를 나타냅니다. '트럭 (truck)'이라는 단어를 이해하면 답을 찾을 수 있습니다. 따라서 정답은 (A)입니다.

| Aa 어휘 | n **truck** 트럭 | n **motorcycle** 오토바이 | n **car** 차 |

함께 알아두면 좋은 단어

＊ **다양한 교통수단 표현**

꼭 알아두어야 하는 교통수단 표현들을 정리해 봅시다.

ex　airplane 비행기　　bike 자전거　　bus 버스　　helicopter 헬리콥터　　ship 배
　　　subway 지하철　　taxi 택시　　train 기차

Q

🎧 **Girl:** table

(A)　　　　　　　(B)　　　　　　　(C)

🔊 **해석**　　🎧 소녀: 탁자

💬 **풀이**　　**정답 (B)**

세 그림 모두 가구 종류를 나타내고 있습니다. '테이블 (table)'이라는 단어를 숙지하고 있다면 정답을 찾을 수 있습니다. 따라서 정답은 (B)입니다.

Aa 어휘　　n **couch** 소파　　n **table** 탁자　　n **mirror** 거울

함께 알아두면 좋을 Tip

✱ **쌍자음 발음법**

dd, ff, mm, nn, ll, rr, ss와 같이 영어 쌍자음을 발음할 때는 대표음 하나만 발음합니다.

ex **a**dd** 더하다　　cla**ss** 학급　　su**nn**y 화창한　　ta**ll** 키가 큰　　mi**rr**or 거울

Q

🎧 **Boy:** mango

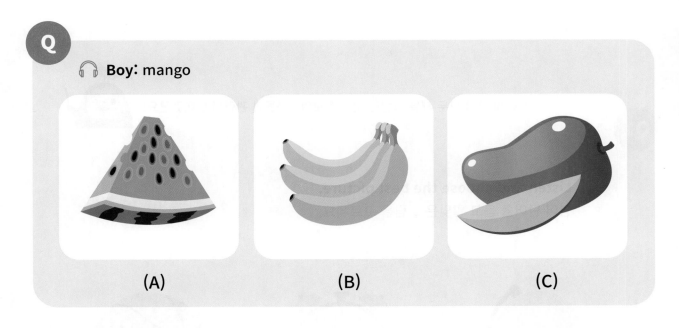

(A)　　　　　　(B)　　　　　　(C)

🔊 **해석**　　🎧 소년: 망고

💬 **풀이**　　　정답 **(C)**

세 그림 모두 과일 종류를 나타내고 있습니다. 그림 중 (A)는 수박, (B)는 바나나입니다. 따라서 정답은 (C)입니다.

(Aa **어휘**)　　n **watermelon** 수박　　n **banana** 바나나　　n **mango** 망고

함께 알아두면 좋은 단어

＊ **다양한 과일과 채소 표현**
　　꼭 알아두어야 하는 과일과 채소 표현들을 정리해 봅시다.

ex	apple 사과	strawberry 딸기	orange 오렌지	potato 감자	carrot 당근
	peach 복숭아	cucumber 오이	tomato 토마토	grape 포도	pear 배

Tip 세 그림 모두 사물 그림인 것으로 보아, **사물**과 관련된 단어겠군요!

Q1

🎧 **Listen and choose the best picture.**
영어 단어를 듣고 알맞은 그림을 고르세요.

(A)

(B)

(C)

함께 알아두면 좋을 Tip

＊ 'l' 발음법

[ㄹ] 앞에 [을]을 포함한 [(을)ㄹ]로 발음합니다.

ex **clo**ck 시계 　　 **glo**be 지구본 　　 **pla**nt 식물 　　 **sl**eep (잠을) 자다

🎧 Track A-04

Tip 세 그림 모두 악기 그림인 것으로 보아, **악기**와 관련된 단어겠군요!

Q2

🎧 **Listen and choose the best picture.**
영어 단어를 듣고 알맞은 그림을 고르세요.

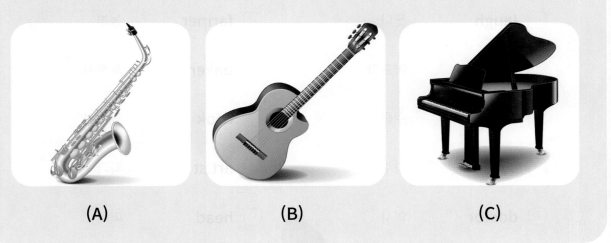

(A)   (B)   (C)

토셀쌤의 문제 풀이 Tip!

등장하는 그림들 중에서, 영어 명칭을 모르는 그림이 하나 있더라도 **나머지 그림 속 사물들의 명칭을 알고 있다면** 문제를 풀 수 있습니다. 모르는 단어 하나 때문에 당황하지 않도록 합시다.

유형 2
인물

인물과 관련된 영어 단어를 두 번 듣고 주어진 그림 중 알맞은 그림을 고르는 문제입니다.

사람의 감정을 나타내는 단어나 직업, 신체 부위, 또는 가족관계 등을 나타내는 단어들을 알아두어야 합니다. 인물의 특징을 나타내는 표현을 묻는 문제가 출제되기도 합니다.

• 꼭 알아두어야 하는 인물 관련 단어

☐ **laugh**	웃다		☐ **farmer**	농부
☐ **hurt**	아프다		☐ **baker**	제빵사
☐ **shy**	수줍은		☐ **cook**	요리사
☐ **singer**	가수		☐ **artist**	화가
☐ **doctor**	의사		☐ **head**	머리

✏️ Step 1. Example

🎧 Track A-05

Q

🎧 **Boy:** angry

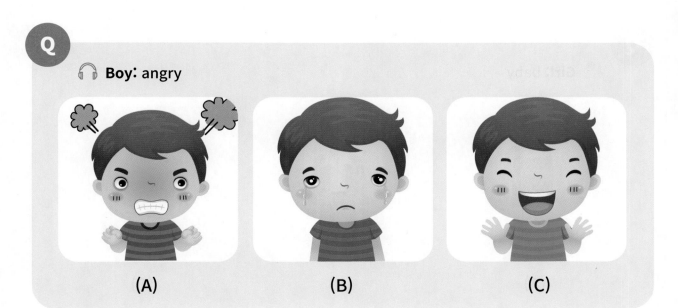

(A)   (B)   (C)

🔊 **해석**   🎧 소년: 화난

💬 **풀이**   정답 (A)

3개의 그림 모두 소년의 감정을 보여주고 있습니다. angry(화난)라는 감정을 나타내는 영어 단어를 알아야
맞출 수 있는 문제입니다. 따라서 정답은 (A)입니다.

Aa 어휘   adj **angry** 화난   adj **sad** 슬픈   adj **happy** 행복한

함께 알아두면 좋은 단어

✻ **다양한 감정 표현**

꼭 알아두어야 하는 감정 표현들을 정리해 봅시다.

| ex | cry 울다 | excited 신이 난 | surprised 놀란 | bored 지루한 | upset 속상한 |
| | sick 아픈 | worried 걱정하는 | scared 무서워하는 | tired 피곤한 | smile 웃다 |

Q

🎧 **Girl:** baby

(A)   (B)   (C)

🔊 **해석**   🎧 소녀: 아기

💬 **풀이**   정답 (C)

세 개의 그림이 할아버지, 엄마, 아기로 각기 다른 나이대의 사람을 보여주고 있습니다. 따라서 정답은 (C)입니다.

Aa **어휘**   n **grandfather** 할아버지   n **mother** 엄마   n **baby** 아기

함께 알아두면 좋을 단어

＊ **가족 관계 표현**

꼭 알아두어야 하는 가족 관계 표현들을 정리해 봅시다.

ex grandfather 할아버지   grandmother 할머니   father 아버지   mother 어머니

Q

🎧 **Boy:** teacher

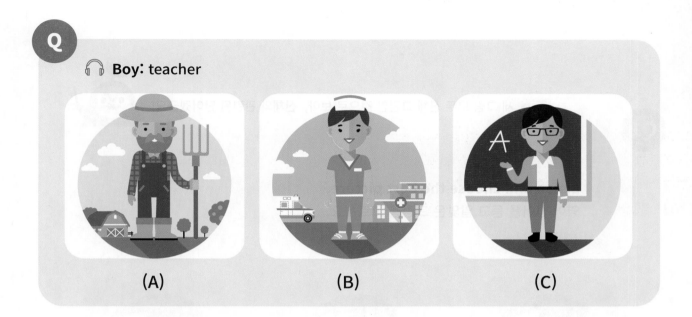

(A)　　　　　　　　(B)　　　　　　　　(C)

🔊 **해석**　　🎧　　소년: 선생님

💬 **풀이**　　　정답 (C)

세 개의 그림 모두 농부, 간호사, 교사로 각기 다른 직업을 가진 사람을 보여주고 있습니다. 따라서 정답은 (C)입니다.

Aa **어휘**　　n **farmer** 농부　　n **nurse** 간호사　　n **teacher** 교사

함께 알아두면 좋은 Tip

＊ 'ch' 발음법

'ch'를 발음할 때는 대체로 [ㅊ]로 발음하지만, 단어가 'ch'로 끝날 땐 [-치]로 발음한다.

ex tea**ch**er 선생님　　bea**ch** 바닷가　　tou**ch** 만지다　　wat**ch** 보다, 손목시계

Step 3. Practice Test

Tip 세 그림 모두 신체 그림인 것으로 보아, **신체**와 관련된 단어겠군요!

Q1

🎧 **Listen and choose the best picture.**
영어 단어를 듣고 알맞은 그림을 고르세요.

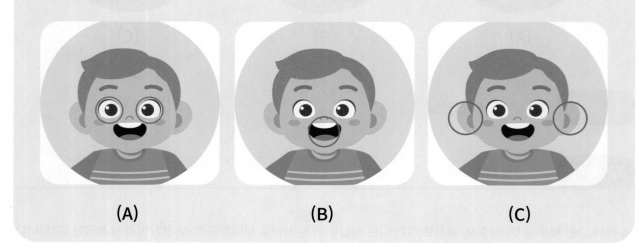

(A)　　　　　　　(B)　　　　　　　(C)

함께 알아두면 좋을 단어

＊ **다양한 신체 표현**

꼭 알아두어야 하는 신체 표현들을 정리해 보겠습니다.

ex	nose 코	neck 목	back 등	hair 머리카락, 털	tooth(teeth) 치아
	chin 턱	face 얼굴	hand 손	arm 팔	foot(feet) 발

Tip 세 그림 모두 표현 그림인 것으로 보아, **표현**과 관련된 단어겠군요!

Q2

🎧 **Listen and choose the best picture.**
영어 단어를 듣고 알맞은 그림을 고르세요.

(A)   (B)   (C)

토셀쌤의 문제 풀이 Tip!

세 그림에서 각각 어떤 감정, 직업, 신체부위, 또는 가족관계 관련 **표현이
등장하고 있는지 먼저 살펴보는 것**이 문제를 파악하는 데에 도움이 됩니다.

유형 3
동물

동물과 관련된 영어 단어를 두 번 듣고 주어진 그림 중 알맞은 그림을 고르는 문제입니다.

그림을 먼저 이해하고 각 그림이 어떤 동물인지, 그리고 그 동물이 영어로 무엇인지를 생각해두면서 듣는다면 보다 쉽게 정답을 찾을 수 있습니다.

● **꼭 알아두어야 하는 동물 이름**

☐ **horse**	말		☐ **crab**	게
☐ **rabbit**	토끼		☐ **chicken**	닭
☐ **turtle**	거북이		☐ **fish**	물고기
☐ **lion**	사자		☐ **monkey**	원숭이
☐ **sheep**	양		☐ **pig**	돼지

Step 1. Example

 Track A-09

Q

🎧 **Girl:** turtle

| (A) | (B) | (C) |

🔊 **해석**   🎧 소녀: 거북이

💬 **풀이**   정답 **(B)**

3개의 동물 모두 바다에 사는 동물을 보여주고 있습니다. 문제의 'turtle'은 거북이를 뜻합니다. 따라서 정답은 (B)입니다.

Aa **어휘**   n **dolphin** 돌고래   n **turtle** 거북이   n **crab** 게

함께 알아두면 좋을 단어

＊ **다양한 바다 동물**

다양한 바다 동물들을 표현하는 단어들을 알아봅시다.

ex **starfish** 불가사리   **jellyfish** 해파리   **squid** 오징어   **shark** 상어   **whale** 고래
octopus 문어   **shrimp** 새우   **seal** 물개

Q

🎧 **Boy:** cow

(A)   (B)   (C)

🔊 해석   🎧 소년: 소

💬 풀이   정답 (B)

3개의 그림 모두 동물을 보여주고 있습니다. 문제의 'cow'는 소를 뜻합니다. 따라서 정답은 (B)입니다.

Aa 어휘   n **chicken** 닭   n **cow** 소   n **pig** 돼지

함께 알아두면 좋을 Tip

＊'ck' 발음법

'ck'는 단어 앞부분에서는 쓰이지 않고, 단어 중간 또는 끝에 오며, [ㅋ]로 발음합니다.

ex chi**ck**en 치킨   ti**ck**et 티켓   tru**ck** 트럭   ne**ck** 목

Track A-11

Q

🎧 **Girl:** black rabbit

(A)　　　　　　(B)　　　　　　(C)

🔊 **해석**　　🎧 소녀: 검은색 토끼

💬 **풀이**　　　**정답 (A)**

3개의 그림 모두 각각 다른 털을 가진 토끼의 모습을 보여주고 있습니다. 듣기에서 털이 검은색(black)이라고 했습니다. 따라서 정답은 (A)입니다.

Aa 어휘　　n **rabbit** 토끼　　adj **black** 검은　　adj **yellow** 노란　　adj **white** 흰색

함께 알아두면 좋을 Tip

＊ 묵음 'h'

'w' 뒤의 'h'와 단어 처음의 'h'는 발음하지 않는 경우가 있습니다.

ex **w**h**at** 무엇, 무슨　　**wh**ite 흰, 흰색의　　**h**our 시간　　**h**onest 정직한

Tip 세 그림 모두 곤충 그림인 것으로 보아, **곤충**과 관련된 단어겠군요!

Q1

🎧 **Listen and choose the best picture.**
영어 단어를 듣고 알맞은 그림을 고르세요.

(A)　　　　　　　(B)　　　　　　　(C)

함께 알아두면 좋을 단어

* 다양한 곤충

다양한 곤충들을 표현하는 단어들을 알아봅시다.

　ex　bee 벌　　ant 개미　　dragonfly 잠자리　　cicada 매미　　grasshopper 메뚜기　　fly 파리

Tip 세 그림 모두 말 그림인 것으로 보아, **말**과 관련된 단어겠군요!

Q2

🎧 **Listen and choose the best picture.**
영어 단어를 듣고 알맞은 그림을 고르세요.

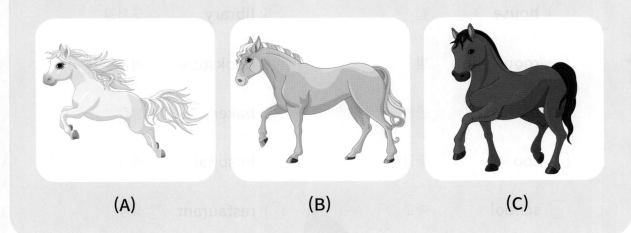

(A)　　　　　　　　(B)　　　　　　　　(C)

토셀쌤의 문제 풀이 Tip!

2번 문제처럼, 세 그림 각각 다른 색의 털을 가진 동물의 모습을 보여주기도
합니다. 따라서 **어떤 색의 동물이 있는지 먼저 살핀 후**, 어떤 색을 말할지
집중하여 들으면 문제 푸는데에 도움이 됩니다.

유형 4
장소

장소와 관련된 영어 단어를 두 번 듣고 주어진 그림 중 알맞은 그림을 고르는 문제입니다.

평소에 길을 지나가다가 보이는 장소들, 예를 들어 꽃집(flower shop), 빵집(bakery), 학교(school), 공원(park) 등을 영어로 익혀둔다면 도움이 될 것입니다.

• 반드시 알아야 하는 장소 이름

☐ house	집		☐ library	도서관
☐ room	방		☐ bookstore	서점
☐ park	공원		☐ bakery	빵집
☐ zoo	동물원		☐ hospital	병원
☐ school	학교		☐ restaurant	식당

Step 1. Example

  Track A-13

Q

🎧 **Boy:** playground

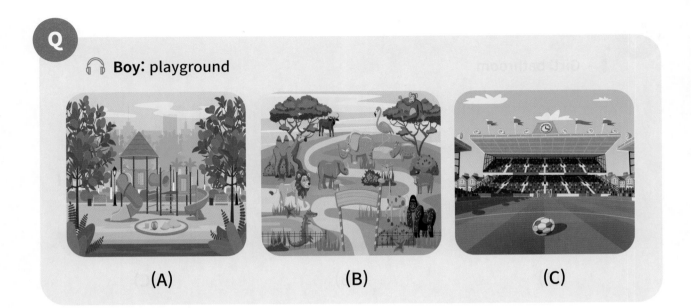

(A)   (B)   (C)

🔊 **해석**   🎧 소년: 놀이터

💬 **풀이**   **정답 (A)**

세 개의 그림은 각각 다른 장소를 보여주고 있습니다. 문제의 'playground'는 놀이터를 뜻합니다. 따라서 정답은 (A)입니다.

Aa 어휘   (n) **playground** 놀이터   (n) **zoo** 동물원   (n) **stadium** 경기장

함께 알아두면 좋을 Tip

* **'oo' 발음법**

이중 모음인 '-oo'의 경우 [우-]로 발음합니다.

(ex) z**oo** 동물원   r**oo**f 지붕   m**oo**n 달   c**oo**l 시원한

Q

🎧 **Girl:** bathroom

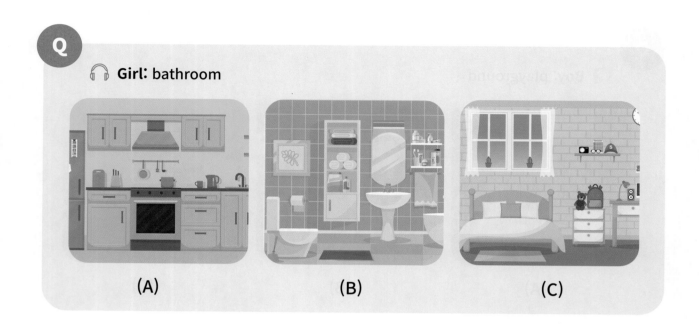

(A)　　　　　　(B)　　　　　　(C)

🔊 해석　　🎧　소녀: 화장실

💬 풀이　　　정답 (B)

3개의 그림은 각각 집에 있는 다른 장소를 보여주고 있습니다. 문제의 'bathroom'은 화장실을 뜻합니다. 따라서 정답은 (B)입니다.

Aa 어휘　　n **kitchen** 부엌　　n **bathroom** 화장실　　n **bedroom** 침실

함께 알아두면 좋을 Tip

＊ 'th' 발음법

'th' 발음법을 알아보도록 합시다.

th[θ] [ㅅㅌ]　혀를 이 사이로 내보내고 공기를 내보냄.　ex　ba**th**room　화장실

th[ð] [ㄷㅎ]　혀를 이 사이로 내보내고 성대를 울림.　ex　mo**th**er　엄마

🎧 Track A-15

Q

🎧 **Boy:** garden

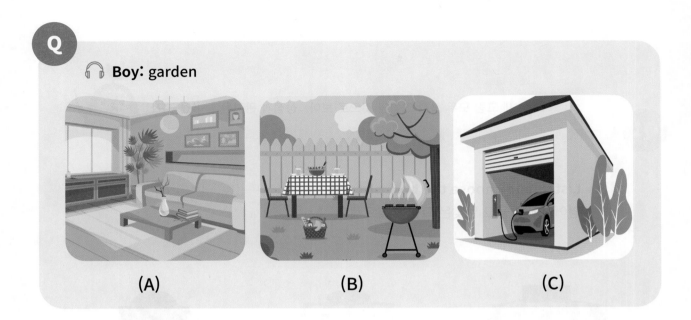

(A)   (B)   (C)

🔊 **해석**   🎧 소년: 정원

💬 **풀이**   정답 **(B)**

3개의 그림은 각각 집에 있는 다른 장소를 보여주고 있습니다. 문제의 'garden'은 정원을 뜻합니다. 따라서 정답은 (B)입니다.

Aa **어휘**   ⓝ **living room** 거실   ⓝ **garden** 정원   ⓝ **garage** 차고, 주차장

함께 알아두면 좋을 단어

* **우리 집 안 다양한 공간**

집의 다양한 공간들을 표현하는 단어들을 알아봅시다.

ex   kitchen 부엌   bedroom 침실   living room 거실   garage 차고, 주차장   attic 다락

Tip 세 그림 모두 상점 그림인 것으로 보아, **상점**과 관련된 단어겠군요!

Q1

🎧 **Listen and choose the best picture.**
영어단어를 듣고 알맞은 그림을 고르세요.

(A)

(B)

(C)

함께 알아두면 좋을 단어

✱ 상점과 관련된 단어

우리 주변 다양한 상점들을 표현하는 단어들을 알아봅시다.

ex bakery 빵집　　　bookstore 서점　　　butcher shop 정육점　　　market 시장

Tip 세 그림 모두 시설 그림인 것으로 보아, **시설**과 관련된 단어겠군요!

Q2

🎧 **Listen and choose the best picture.**
영어단어를 듣고 알맞은 그림을 고르세요.

(A)   (B)   (C)

토셀쌤의 문제 풀이 Tip!

'**pet shop**'과 '**zoo**'을 헷갈리지 않아야 합니다. 'pet shop'은 반려동물과 관련있는 물건들을 파는 장소이고, 'zoo'는 다양한 동물들을 관람할 수 있도록 시설이 갖추어진 곳입니다.

Part A-2 는 이렇게 준비하자!

❶ 주어진 3개의 그림을 미리 살펴보자

Part A-1에서와 마찬가지로 세 개의 그림이 시험지에 주어지기 때문에 미리 그림을 보고 어떤 듣기 내용일지 짐작할 수 있습니다. Part A-2에서는 인물의 직업이나 동작/날씨, 시간, 숫자/전치사를 활용한 위치/색깔과 모양 등에 대해 자주 출제되므로 그림을 보고 그림이 무엇을 나타내는지 미리 파악하면 더 쉽게 해결할 수 있습니다.

❷ 생활에 밀접한 표현 알아두기

우리 생활에서 가장 기본적이고 유용하게 사용되는 단어와 표현들이 주로 출제됩니다. 출제되는 주제의 단어들을 꼼꼼히 공부하고, 배운 단어들을 평소에 생활하면서 자주 맞닥뜨리는 상황들에 대해 사용해 보려는 노력이 중요합니다. 이렇게 하면 TOSEL 시험 대비 뿐만 아니라 실생활 영어 활용에 있어서도 큰 도움이 될 것입니다.

VOCABULARY

v	**swim**	수영하다
n	**dinner**	저녁식사
v	**ride**	타다
adj	**sunny**	화창한
adj	**rainy**	비가 많이 오는
n	**Monday**	월요일
n	**Thursday**	목요일
n	**August**	8월

prep	**behind**	~뒤에
prep	**between**	~사이에
n	**park**	공원
n	**beach**	해변
n	**gardener**	정원사
n	**scientist**	과학자
adj	**green**	초록색의
n	**square**	정사각형

유형 1

동작

영어 문장을 두 번 듣고 그 문장의 내용과 가장 알맞는 그림을 고르는 문제입니다.

듣기 문장 속 동작 표현을 잘 들어야 알맞은 그림을 찾아낼 수 있습니다. 아래에 있는 동작을 표현하는 영어 동사를 알아두면 많은 도움이 될 것입니다.

• 동작을 표현하는 영어 동사 ─────────────────────

- ☐ **read**   읽다
- ☐ **play**   놀다
- ☐ **listen**   듣다
- ☐ **cry**   울다
- ☐ **think**   생각하다

- ☐ **sing**   노래하다
- ☐ **sleep**   자다
- ☐ **write**   쓰다
- ☐ **climb**   올라가다
- ☐ **talk**   말하다

✎ Step 1. Example

🎧 Track A-17

Q

🎧 **Girl:** He is brushing his teeth.

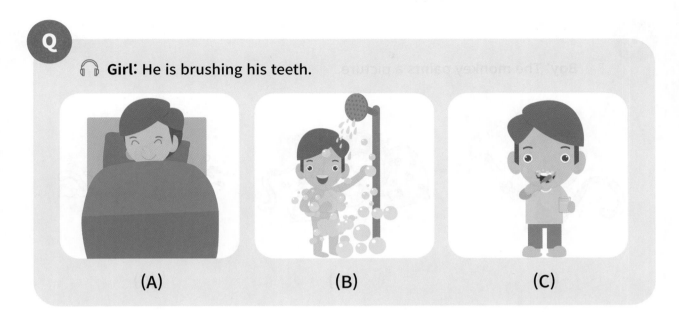

(A) (B) (C)

🔊 **해석**   🎧 소녀: 그는 양치질을 하고 있다.

💬 **풀이**   정답 (C)

3개의 그림은 모두 집에서 할 수 있는 동작들을 나타냅니다. 그 중 'brushing his teeth'는 '이를 닦다'라는 뜻입니다. 따라서 정답은 (C)입니다.

Aa **어휘**   `phr` **brush teeth**   이를 닦다   `phr` **go to sleep**   자다

`phr` **take a shower**   샤워를 하다

함께 알아두면 좋을 Tip

✱ **'-ing' 발음법**

단어의 [-ing] 부분을 너무 힘주어 [-잉]이라고 발음하지 않아야 하고 거의 [-인]처럼 발음해야 합니다.

`ex` brush**ing**   go**ing**   tak**ing**   paint**ing**

Q

🎧 **Boy:** The monkey paints a picture.

(A)   (B)   (C)

🔊 **해석**   🎧 소년: 원숭이가 그림을 그린다.

💬 **풀이**   정답 **(A)**

그림 3개에서 모두 원숭이가 각각 다른 동작을 하고 있습니다. 문제에서 핵심 단어인 'paints a picture'를 잘 들어야 합니다. 따라서 정답은 (A)입니다.

Aa **어휘**

n	**monkey** 원숭이	n	**picture** 그림	v	**sleep** 자다
v	**swim** 수영하다	v	**paint** (그림물감으로) 그리다		

헷갈리기 쉬운 표현 Tip!

✳ **Draw** vs **Paint**

draw는 '연필, 펜 등으로 색칠은 하지 않고 그리는 작업'을, paint는 '색을 칠하는 작업'을 의미합니다.

ex   She **is drawing** a circle with a pencil.   그녀는 연필로 동그라미를 그리고 있다.
He **is painting** his room.   그는 그의 방을 칠하고 있다.

Q

🎧 **Girl:** My mom washes the dishes.

(A)   (B)   (C)

🔊 **해석**   🎧 소녀: 나의 엄마는 설거지를 하신다.

💬 **풀이**   **정답 (B)**

세 그림에서, 여성이 각각 다른 동작을 하고 있습니다. 'wash the dishes'는 설거지를 하다라는 뜻입니다.
따라서 정답은 (B)입니다.

A**a 어휘**
| n | **mom** 엄마 | v | **clean** 청소하다 | v | **cook** 요리하다 |
| n | **dish** 접시 | v | **wash** 씻다 |

헷갈리기 쉬운 표현 Tip!

✽ **집안일과 관련된 표현**

동작을 나타내는 표현들 중 집안일과 관련된 표현들을 알아보도록 합시다.

ex make the bed 이부자리를 정돈하다   clean the room 방을 청소하다
wash the dishes 설거지하다   water the plants 식물에 물을 주다

Tip 세 그림 모두 행동 그림인 것으로 보아, **행동**과 관련된 문장이겠군요!

Q1

🎧 **Listen to the sentence and choose the best picture.**
영어 문장을 듣고 알맞은 그림을 고르세요.

(A)   (B)   (C)

함께 알아두면 좋을 표현

＊ '타다'라는 뜻을 가진 동사 'ride'

'ride'는 '말, 자전거, 또는 오토바이를 타다'를 표현할 때 주로 함께 쓰는 표현입니다.

ex Boys are **riding** their bikes.   소년들은 그들의 자전거를 타고 있다.
You can **ride** a horse.   너는 말을 탈 수 있다.

Tip 세 그림 모두 행동 그림인 것으로 보아, **행동**과 관련된 문장이겠군요!

Q2

🎧 **Listen to the sentence and choose the best picture.**
영어 문장을 듣고 알맞은 그림을 고르세요.

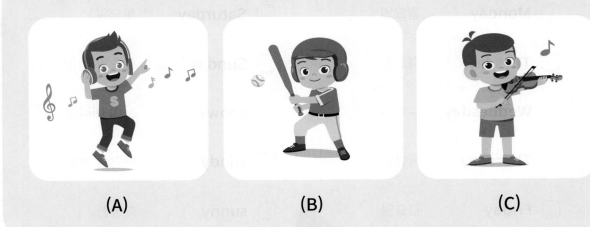

(A)   (B)   (C)

토셀쌤의 문제 풀이 Tip!

공을 가지고 하는 스포츠를 표현할 때, 그리고 악기 연주를 표현할 때 모두 **'play'**라는 단어를 함께 사용합니다. 그래서 'play' 다음에 오는 표현이 문제의 포인트가 되기도 합니다.

유형 2

날씨 / 시간 / 수

영어 문장을 두 번 듣고 그 문장의 내용과 가장 알맞는 그림을 고르는 문제입니다.

날씨, 시간, 숫자 등의 정보를 잘 듣고 어떤 그림과 맞는지 확인하여 답을 고르면 됩니다.
여러 가지 날씨, 시간 등을 영어로 표현하는 방법을 익혀두는 것이 도움이 됩니다.

• 꼭 알아두어야 하는 날씨와 시간 표현

☐ **Monday**	월요일		☐ **Saturday**	토요일
☐ **Tuesday**	화요일		☐ **Sunday**	일요일
☐ **Wednesday**	수요일		☐ **snowy**	눈이 내리는
☐ **Thursday**	목요일		☐ **windy**	바람이 부는
☐ **Friday**	금요일		☐ **sunny**	화창한

🖊 Step 1. Example

🎧 Track A-21

Q

🎧 **Boy:** It is raining outside.

(A)   (B)   (C)

🔊 **해석**   🎧 소년: 밖에 비가 온다.

💬 **풀이**   정답 (C)

세 개의 그림 모두 날씨를 나타내는 그림입니다. 'raining'이라고 했으므로 비가 오고 있는 그림을 찾아야 합니다. 따라서 정답은 (C)입니다.

Aa 어휘

v **rain** 비가 오다   adv **outside** 바깥에   adj **sunny** 화창한

n **snow** 눈

함께 알아두면 좋을 표현

✱ **날씨, 숫자, 시간, 요일, 월, 계절 표현과 함께 쓰는 'It'**

날씨, 숫자, 시간, 요일, 월, 계절을 표현할 때는 주어자리에 'It'을 씁니다. 하지만 여기서 'It'은 해석하지 않습니다. 'It'을 '그것'으로 해석하지 않도록 주의합시다.

ex **It** is Thursday. 목요일이야.   **It** is summer. 여름이야.   **It** is windy. 바람이 분다.

Q

🎧 **Girl:** His birthday is Monday.

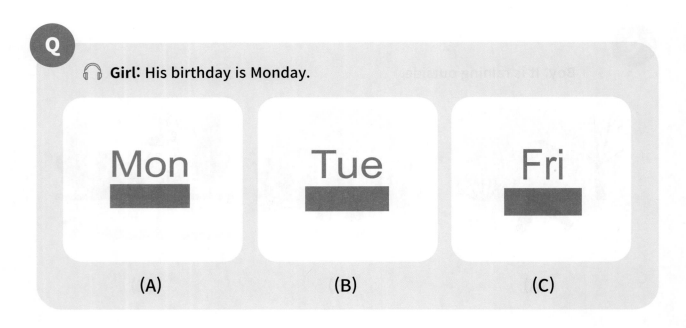

Mon	Tue	Fri
(A)	(B)	(C)

🔊 **해석**   🎧 소녀: 그의 생일은 월요일이다.

💬 **풀이**   정답 (A)

세 개의 그림은 요일을 나타내는 그림입니다. 문장에 나오는 'Monday'라는 단어를 정확히 파악하면 쉽게 정답을 알 수 있습니다. 따라서 정답은 (A)입니다.

Aa **어휘**   n **Monday** 월요일   n **Tuesday** 화요일   n **Friday** 금요일

함께 알아두면 좋을 표현

＊ 여러 기념일

다양한 기념일을 표현하는 단어들을 알아보도록 합시다.

ex birthday 생일   Children's Day 어린이날   Christmas 성탄절   Parents' Day 어버이날

Q

🎧 **Boy:** The concert is in June.

(A)   (B)   (C)

🔊 **해석**   🎧 소년: 그 공연은 6월에 있다.

💬 **풀이**   **정답 (B)**

3개의 그림은 각각 5월, 6월, 7월을 나타내는 그림입니다. 문장에 나오는 'June'이라는 단어를 정확히 파악하면 쉽게 정답을 알 수 있습니다. 따라서 정답은 (B)입니다.

Aa 어휘   n **May** 5월   n **June** 6월   n **July** 7월

함께 알아두면 좋을 Tip

✳ 묵음 'e'

단어가 [-e]로 끝나는 경우, 대부분 발음하지 않습니다.

ex   danc**e** 춤 추다   gam**e** 게임   Jun**e** 6월   nois**e** 소음

Tip 세 그림 모두 개수 그림인 것으로 보아, **개수**와 관련된 문장이겠군요!

Q1

🎧 **Listen to the sentence and choose the best picture.**
영어 문장을 듣고 알맞은 그림을 고르세요.

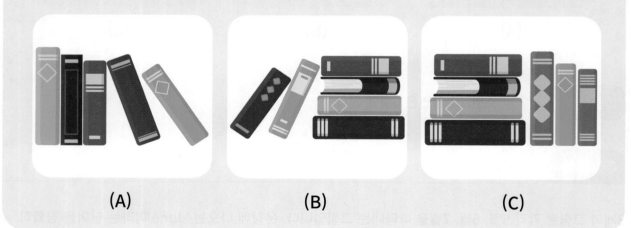

(A)   (B)   (C)

함께 알아두면 좋을 Tip

＊ 'f'와 'v' 발음법

'f'와 'v' 발음의 차이를 알아보도록 하자.

'f' 발음 [ㅍ] [ㅍ]하고 바람소리가 남.   ex **f**ive [파이브]

'v' 발음 [브] [브~]하고 목이 떨리는 소리가 남.   ex fi**v**e [파이브]

Track A-24

Tip 세 그림 모두 가격 그림인 것으로 보아, **가격**과 관련된 문장이겠군요!

Q2

🎧 **Listen to the sentence and choose the best picture.**
영어 문장을 듣고 알맞은 그림을 고르세요.

(A)

(B)

(C)

토셀쌤의 문제 풀이 Tip!

2번 문제의 셔츠처럼 세 보기의 사물의 종류는 같고 가격이 다른 경우, 사물의
영어 단어보다 사물의 가격이 문제를 푸는데 핵심이기 때문에 **숫자, 가격
정보를 집중해 듣는 것**이 중요합니다.

유형3

위치

영어 문장을 두 번 듣고 그 문장의 내용과 가장 알맞는 그림을 고르는 문제입니다.

위치에 관한 문제인 만큼 다양한 위치와 장소에 연관된 단어를 숙지하는 것이 중요하며 전치사도 배우는 것이 좋습니다.

• 꼭 알아두어야 하는 전치사

☐ near	~에서 가까이	☐ between	~사이에
☐ next to	~옆에	☐ behind	~뒤에
☐ on	~위에	☐ in	~안에
☐ in front of	~앞에	☐ under	~아래에
☐ outside	~밖에	☐ above	~위에

✏️ Step 1. Example

🎧 Track A-25

Q

🎧 **Girl:** The cat is behind the box.

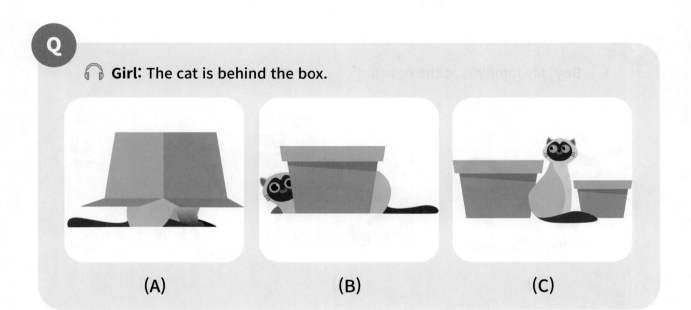

(A)   (B)   (C)

🔊 **해석**   🎧 소녀: 그 고양이는 박스 뒤에 있다.

💬 **풀이**   **정답 (B)**

고양이의 위치를 파악하는 문제입니다. 'behind'는 '~뒤에'라는 뜻입니다. 따라서 정답은 (B)입니다.

Aa **어휘**   prep **under** ~밑에   prep **behind** ~뒤에   prep **between** ~사이에

함께 알아두면 좋을 표현

✳ **위치를 나타내는 표현**

다양한 위치 표현들을 알아보도록 합시다.

ex   **in** ~(안)에   **on** ~위에 (표면에 붙어서)   **over** ~위에 (표면에서 떨어져서)   **in front of** ~앞에

Q

🎧 **Boy:** My family is at the beach.

(A)　　　　　　　　(B)　　　　　　　　(C)

◁») 해석　　🎧 소년: 우리 가족은 해변에 있다.

💬 풀이　　　정답 (A)

위치를 나타내는 단어가 어떤 것이 나올지를 생각하며 문제를 듣습니다. 3개의 보기는 각각 해변, 집, 공원을 나타내고 있습니다. 따라서 정답은 (A)입니다.

Aa 어휘　　n **beach** 해변　　n **home** 집　　n **park** 공원

헷갈리기 쉬운 표현 Tip!

✳ **At** vs **In**

'at'은 주로 좁은 장소에, 'in'은 주로 넓은 장소에 있음을 표현할 때 사용합니다.

ex　He is **at** home. 그는 집에 있다.
　　She lives **in** China. 그녀는 중국에서 산다.

Q

🎧 **Girl:** It jumps over the box.

| (A) | (B) | (C) |

🔊 **해석**   🎧 소녀: 그것은 상자 위를 뛰어넘는다.

💬 **풀이**   **정답 (A)**

상자를 기준으로 너구리의 위치를 파악하는 문제입니다. 'over'는 '~위에, 위로'라는 뜻입니다. 따라서 정답은 (A)입니다.

Aa **어휘**   prep **in** ~안에   prep **on** ~위에 (표면에 붙어서)

prep **over** ~위에 (표면에 떨어져서)

헷갈리기 쉬운 표현 Tip!

* **On** vs **Over**

위치를 표현할 때, on은 사물 또는 사람이 표면 바로 위에 붙어있을 때, over는 표면에서 떨어져서 바로 위에 있거나 위로 이동할 때 주로 사용합니다.

ex   Some pictures are **on** the wall. 몇몇의 그림들이 벽에 붙어있다.

The birds fly **over** the lake. 새들이 호수 위를 날아다닌다.

Pre-Starter Listening & Speaking   65

Tip 세 그림 모두 행동 그림인 것으로 보아, **행동**과 관련된 문장이겠군요!

Q1

🎧 **Listen to the sentence and choose the best picture.**
영어 문장을 듣고 알맞은 그림을 고르세요.

(A)   (B)   (C)

함께 알아두면 좋을 **Tip**

* 묵음 'l'

[d,f,k,m] 소리 앞의 'l'은 발음하지 않는 경우가 있다는 것을 알아둡시다.

ex calm 침착한   half 반, 반의   should ~해야 한다   walk 걷다

Tip 세 그림 모두 장소 그림인 것으로 보아, **장소**와 관련된 문장이겠군요!

Q2

🎧 **Listen to the sentence and choose the best picture.**
영어 문장을 듣고 알맞은 그림을 고르세요.

(A)

(B)

(C)

토셀쌤의 문제 풀이 Tip!

인물의 **동작과 위치 모두**를 알아야 풀수 있는 문제가 출제될 수 도 있습니다.
2번 문제와 같이 (B), (C)는 비슷한 동작을 나타내지만 장소의 차이가 있는
경우, 장소가 문제의 포인트가 됩니다.

유형 4
직업

영어 문장을 두 번 듣고 그 문장이 나타내는 직업이 어떤 것인지 고르는 문제입니다.

자주 출제되는 직업의 단어들을 미리 공부해놓으면 정답을 맞출 확률이 높아집니다.
장래희망을 말하는 문장도 출제되곤 하니 직업을 나타내는 문장을 귀 기울여 들어보세요.

- 꼭 알아두어야 하는 직업 이름

☐ **nurse**　　간호사　　　　☐ **cook/chef**　　요리사

☐ **doctor**　　의사　　　　☐ **artist**　　화가

☐ **firefighter**　　소방관　　　　☐ **dancer**　　댄서

☐ **vet**　　수의사　　　　☐ **teacher**　　선생님

☐ **police officer**　경찰관　　☐ **gardener**　　정원사

Step 1. Example

🎧 Track A-29

유형 4 문장에 알맞은 그림 고르기

Q

🎧 **Boy:** My mother is a police officer.

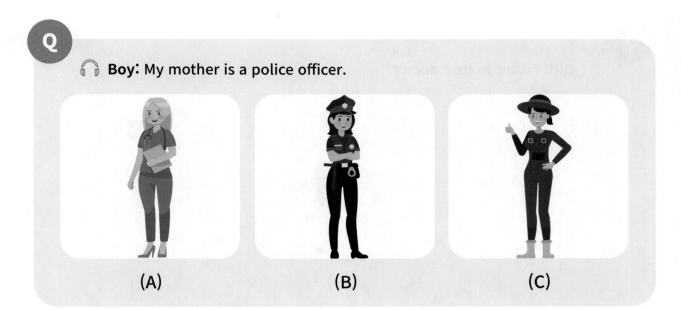

(A)   (B)   (C)

🔊 **해석**   🎧 소년: 내 어머니는 경찰관이다.

💬 **풀이**   **정답 (B)**

직업 관련 문제인 만큼 직업 관련 단어를 많이 알면 쉽게 풀 수 있는 문제입니다. 간호사인 (A)와 정원사인 (C)는 오답이며 'police officer(경찰관)'이라는 단어를 정확히 파악하면 쉽게 정답을 알 수 있습니다. 따라서 정답은 (B)입니다.

Aa **어휘**   n **nurse** 간호사   n **police officer** 경찰관   n **gardener** 정원사

함께 알아두면 좋을 표현

* '~하는 사람/~하는 것'을 나타내는 '-er'

'-er'은 '~ 하는 사람' 또는 '~ 하는 것'이라는 의미를 가지며, 단어 끝에 붙어서 '그것을 하는 사람' 또는 '그것을 하는 무언가'라는 의미로 쓰입니다.

ex   sing 노래하다 ➡ sing**er** 노래하는 사람, 가수   teach 가르치다 ➡ teach**er** 가르치는 사람, 교사

Pre-Starter Listening & Speaking   69

Q

🎧 **Girl:** I want to be a doctor.

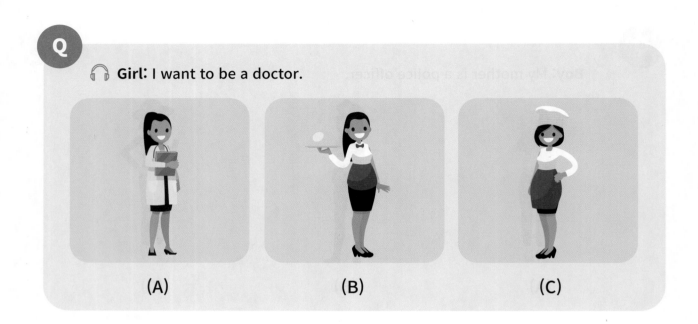

(A)   (B)   (C)

🔊 **해석**   🎧 소녀: 나는 의사가 되고 싶다.

💬 **풀이**   **정답 (A)**

알맞은 직업을 찾는 문제로서 문장에 나오는 'doctor'라는 단어를 알면 풀 수 있는 문제입니다. 따라서 정답은 (A)입니다.

Aa **어휘**   ⓝ **doctor** 의사   ⓝ **waiter** 종업원   ⓝ **chef** 요리사

헷갈리기 쉬운 표현 Tip!

＊ **cook** vs **chef**

cook은 '요리사 또는 요리하는 사람 누구나'를 의미하며, chef는 '전문 요리사, 주방장'을 의미합니다.

ex   My mom is a great **cook**!   나의 엄마는 훌륭한 요리사야!

She is a **chef** in a hotel.   그녀는 호텔의 주방장이다.

🎧 Track A-31

Q

🎧 **Boy:** He is a famous scientist.

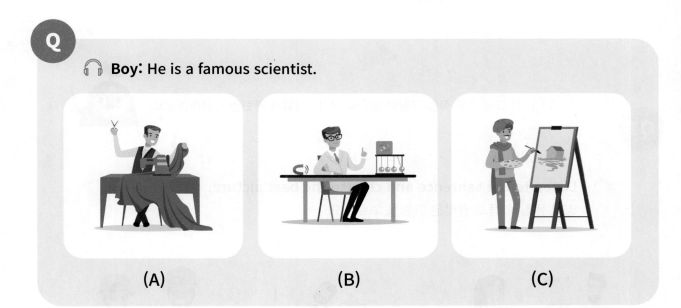

(A)　　　　　　(B)　　　　　　(C)

🔊 **해석**　🎧 소년: 그는 유명한 과학자이다.

💬 **풀이**　　정답 **(B)**

알맞은 직업을 찾는 문제로서 문장에 나오는 'scientist'라는 단어를 알면 풀 수 있는 문제입니다. 따라서 정답은 (B)입니다.

Aa **어휘**　n **designer** 디자이너　n **scientist** 과학자　n **artist** 화가

함께 알아두면 좋을 표현

＊ '~하는 사람, 전문가'를 나타내는 '-ist'

'-ist'은 '~하는 사람' 또는 '전문가'를 의미하며, 단어 끝에 붙어서 '~전문가'라는 의미로 쓰인다.

ex　art 미술 ➡ art**ist** 화가　flower 꽃 ➡ flor**ist** 꽃집 주인　science 과학 ➡ scient**ist** 과학자

Tip 세 그림 모두 직업 그림인 것으로 보아, **직업**과 관련된 문장이겠군요!

Q1

🎧 **Listen to the sentence and choose the best picture.**
영어 문장을 듣고 알맞은 그림을 고르세요.

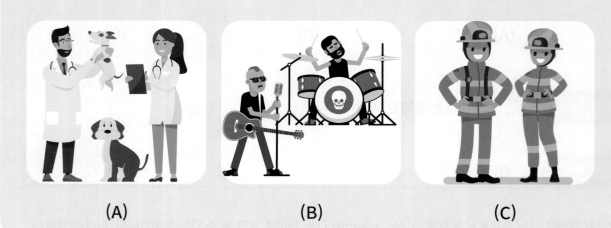

(A)   (B)   (C)

함께 알아두면 좋을 Tip

✳ **소리 없는 'gh'**

단어 맨 앞에서 'gh'는 'ghost'에서처럼 [ㄱ]소리가 나지만, 단어 중간에서 [t] 소리 앞의
'gh'는 발음하지 않습니다.

ex   fi**gh**ter   싸움꾼   wei**gh**t   무게   li**gh**t   빛   ni**gh**t   밤

Tip 세 그림 모두 직업 그림인 것으로 보아, **직업**과 관련된 문장이겠군요!

Q2

Listen to the sentence and choose the best picture.
영어 문장을 듣고 알맞은 그림을 고르세요.

(A) (B) (C)

토셀쌤의 문제 풀이 Tip!

2번 문제에서 과목별로 다양한 선생님이 있는 것처럼, 같은 직업군 안에서도 **더 자세하게 나누어질 수 있는 직업**이 있습니다. 이외에도 다양한 운동선수, 연주자 등의 직업 표현들을 미리 공부해 둡시다.

유형 5
색깔 / 모양

영어 문장에서 나오는 색깔 및 모양 등을 구분하여 알맞은 그림을 찾는 문제입니다.

기본적인 색깔과 모양을 영어로 표현할 수 있는지를 잘 복습하고, 특히 두 가지가 함께 나올 때 헷갈리지 않도록 주의깊게 듣는 것이 중요합니다.

• 꼭 알아두어야 하는 색깔, 모양 이름 ─────────

- [ ] **red**   빨강
- [ ] **blue**   파랑
- [ ] **yellow**   노랑
- [ ] **green**   초록
- [ ] **orange**   주황

- [ ] **circle**   동그라미
- [ ] **triangle**   세모
- [ ] **square**   정사각형
- [ ] **rectangle**   직사각형
- [ ] **heart**   하트

Step 1. Example

🎧 Track A-33

Q

🎧 **Girl:** Look at that cute red umbrella!

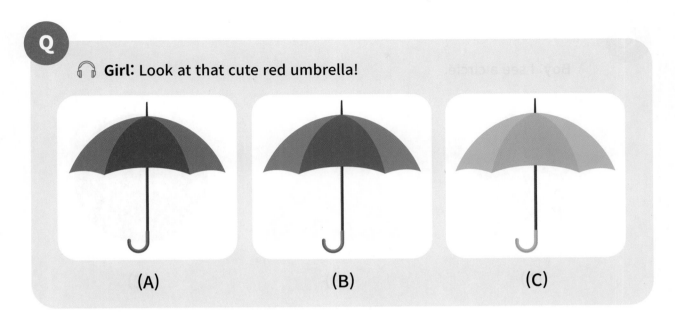

(A)　　　　　　(B)　　　　　　(C)

🔊 **해석**　　🎧 소녀: 저 귀여운 빨간 우산 좀 봐!

💬 **풀이**　　**정답 (A)**

각 그림은 세 가지의 다른 색의 우산을 나타내고 있습니다. 'red'는 '빨강'이라는 뜻입니다. 따라서 (A)가 정답입니다.

Aa 어휘　　adj **red** 빨강　　adj **green** 초록　　adj **yellow** 노랑

헷갈리기 쉬운 표현 Tip!

✱ **색깔을 표현하는 단어**

'red'나 'green'을 비롯한 색깔을 나타내는 단어들은 'umbrella' 같은 사물을 꾸며주는 형용사 역할을 하기도하지만, 명사 역할을 하기도 합니다.

ex　She is wearing **purple** and **black**.　그녀는 보라색과 검은색을 입었다.

⬚△ Step 2. Pattern Practice

🎧 Track A-34

Q

🎧 **Boy:** I see a circle.

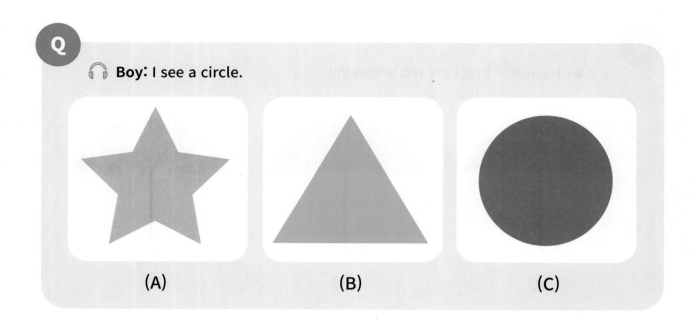

(A)　　　　　(B)　　　　　(C)

🔊 **해석**　　🎧 소년: 나는 동그라미가 보인다.

💬 **풀이**　　정답 (C)

모양을 나타내는 문제입니다. 영어로 기본적인 모양을 알면 쉽게 풀 수 있습니다. (A)는 별 모양, (B)는 세모 모양으로 오답입니다. 따라서 정답은 동그라미인 (C)입니다.

Aa **어휘**　　n **star** 별　　n **triangle** 세모　　n **circle** 동그라미

함께 알아두면 좋을 단어

＊ **다양한 모양을 표현하는 단어**

다양한 모양 표현들을 알아보도록 합시다.

ex **cross** 십자가　**diamond** 다이아몬드　**heart** 하트　**rectangle** 직사각형　**square** 정사각형

Q

🎧 **Girl:** I want the purple headband.

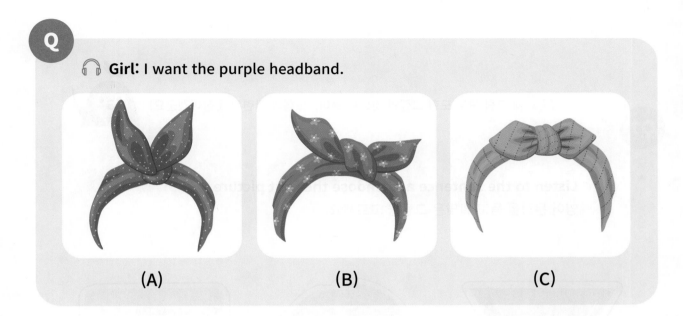

(A)   (B)   (C)

🔊 **해석**   🎧 소녀: 나는 보라색 머리띠를 원해.

💬 **풀이**   **정답 (A)**

색깔을 나타내는 문제입니다. 기본적인 색깔 표현을 알면 쉽게 풀 수 있습니다. (B)는 파란색, (C)는 주황색으로 오답입니다. 따라서 정답은 보라색인 (A)입니다.

Aa **어휘**   adj **purple** 보라색   adj **blue** 파란색   adj **orange** 오렌지색, 주황색

함께 알아두면 좋을 Tip

＊ 'g' 발음법

'g' 다음에 [e, i, y]가 오면 [ㅈ]로 발음합니다.

ex **gi**ant 거대한   **gy**m 체육관   ora**ng**e 오렌지   lar**ge** 큰, 많은

Tip 세 그림 모두 도형 그림인 것으로 보아, **도형**과 관련된 문장이겠군요!

Q1

🎧 **Listen to the sentence and choose the best picture.**
영어 문장을 듣고 알맞은 그림을 고르세요.

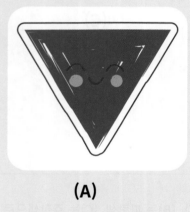

(A)   (B)   (C)

헷갈리기 쉬운 표현 Tip!

* **Square vs Rectangle**

'square'과 'rectangle'은 사각형이라는 공통점이 있지만, 'square'은 'rectangle'과 달리 네 변의
길이가 같은 '정사각형'을 의미합니다.

🎧 Track A-36

Tip 세 그림 모두 도형인 것으로 보아, **도형**과 관련된 문장이겠군요!

Q2

🎧 **Listen to the sentence and choose the best picture.**
영어 문장을 듣고 알맞은 그림을 고르세요.

(A)　　　　　　(B)　　　　　　(C)

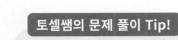
토셀쌤의 문제 풀이 Tip!

색깔과 모양, 두가지가 함께 나올 때 헷갈리지 않도록 주의 깊게 듣는 것이 중요합니다. **다양한 색깔과 모양 표현들을 미리 공부**해두고 듣기에 집중하는 능력을 기르는 것이 문제 푸는데 도움이 됩니다.

Part **B** Listen and Respond

Part B 유형설명

유형	세부 내용	문항 수
의문문에 알맞은 응답 찾기	**1.** Who	각 유형이 골고루 출제됨
	2. What	
	3. Where	
	4. When	
	5. How	
	6. Yes/No 의문문	
	7. 평서문/요청문/명령문	
총 7개 유형		**총 5문항**

DIRECTION

1 6번부터 10번까지는 대화 문제입니다. 문장을 잘 듣고 뒤에 올 수 있는 말로 가장 알맞은 답을 고르는 문제입니다.

2 대화는 두 번씩 들려주며, 시험지에는 한 문제 당 각각 3개의 보기만 주어집니다.

Part Ⓑ 는 이렇게 준비하자!

❶ Wh- 의문문을 잘 듣고 구별하자.

Wh- 의문문이란 Wh-로 시작하는 의문사 즉 What, Who, When, Where, How 등이 들어간 의문문을 말합니다. Part B에서 가장 많이 등장하는 의문문이기도 합니다. 그렇기 때문에 의문사를 잘 들어야 하는데 의문사는 대부분 의문문의 맨 앞에 오기 때문에 시작 부분을 놓치지 말아야 하고, 특히 When과 Where의 발음이 혼동될 수 있기 때문에 이 두 의문사의 발음의 차이를 분명히 알아야 실수 없이 문제를 풀 수 있습니다.

의문사 모음

What	무엇	**When**	언제
Who	누구	**Where**	어디
Why	왜	**How**	어떻게

❷ 질문에서 물어보는 대상이 누구인지 구별하자.

"Do you want some cake?((너에게) 케익 좀 줄까?)"라는 질문에서 물어보는 대상은 'you(너에게)'입니다. 그렇기 때문에 대답에는 "Yes, please.(응, 줘.)"라던가, "No, I'm full.(아니, 난 배불러.)"과 같이 'I(나)'로 대답해야 합니다. 그러나 보기에서 "Yes, she does.(응, 그녀는 그래.)"와 같이 대상이 'she(그녀)'로 뒤바뀐 경우가 자주 오답으로 나오기 때문에 주의해야 합니다.

VOCABULARY

n	**friend**	친구		n	**yesterday**	어제
n	**hat**	모자		v	**know**	알다
n	**class**	수업		adj	**careful**	조심스러운
v	**speak**	말하다		adv	**sometimes**	가끔
adj	**busy**	바쁜		n	**home**	집
adv	**really**	실제로, 정말로		adj	**sharp**	뾰족한
prep	**next to**	옆에		n	**bicycle**	자전거
n	**bathroom**	화장실		adj	**hungry**	배고픈

유형 1
Who 의문문

Who 의문문에 대한 알맞은 대답을 찾는 유형입니다.

Who는 '누구'에 대해 묻는데 사용하는 의문사입니다. 특히 대화의 첫 부분에서 어떤 의문문인지를 정확히 듣고, 뒤의 내용의 흐름을 들으면 됩니다.

• Who 의문문

☐ **Who is your friend?**
너의 친구는 누구니?

☐ **Who studies with you?**
누가 너랑 공부하니?

☐ **Who makes cookies?**
누가 쿠키를 만드니?

☐ **Who has my pencil?**
누가 내 연필을 가졌니?

☐ **Who is that girl?**
저 소녀는 누구니?

☐ **Who are you?**
너는 누구니?

✏️ Step 1. Example

🎧 Track B-37

Q

Boy: Who are we going with?
Girl: _____

(A) My house.
(B) My friends.
(C) At the park.

🔊 **해석**

🎧 소년: 우리 누구랑 같이 가니?
소녀: _____

(A) 나의 집.
(B) 나의 친구들.
(C) 공원에서.

💬 **풀이**　　　**정답 (B)**

Who로 시작하는 의문문으로 '누구와(Who)', '가니(go)', '~와 함께(with)'를 잘 듣는다면 정답을 찾을 수 있습니다. '우리가 누구와 함께 가냐'고 묻는 질문에 대해 'My friends'라고 답한 (B)가 가장 적절합니다. 또한 Who에 대한 대답에 사람으로 대답해야 한다는 것도 잊으면 안됩니다.

Aa 어휘　　ⁿ **house** 집　　ⁿ **friend** 친구　　ⁿ **park** 공원

헷갈리기 쉬운 표현 Tip!

* **의문사 Who의 위치**

의문사가 있는 의문문에서 의문사는 항상 문장의 맨 앞에 위치합니다.

ex **Who** is she?　그녀는 누구니? (O)　　She **who** is? (X)　　She is **who**? (X)

Q

Girl: Who can come to my party?

Boy: _____

(A) I can come.

(B) I like that hat.

(C) I am not doing that.

🔊) 해석

🎧 소녀: 내 파티에 올 수 있는 사람이 누구니?

소년: _____

(A) 난 갈 수 있어.

(B) 난 그 모자가 마음에 들어.

(C) 난 그것을 하고 있지 않아.

💬 풀이   정답 (A)

'누가 파티에 올 수 있냐'는 질문에 "난 갈 수 있어."라고 대답한 (A)가 가장 적절합니다. 따라서 정답은 (A)입니다.
(B)는 질문과 무관한 모자에 대한 내용으로 오답이고, (C) 또한 질문과 상관 없는 내용입니다.

Aa 어휘   v **come** 오다   n **party** 파티   n **hat** 모자

헷갈리기 쉬운 표현 Tip!

＊ 의문사 Who와 조동사 Can

'~할 수 있다'라는 의미를 가지는 조동사 'can'은 의문사 'Who'와 함께 쓰일 때, 'Who' 다음에 오는 순서로 쓰입니다. [Who + can + 동사~?] 의미는 '누가~할 수 있는가?'로 해석합니다.

ex **Who** can enter?   누가 들어갈 수 있니? (O)   Can **who** enter? (X)   Enter can **who**? (X)

Track B-39

Q

Boy: Who teaches English?

Girl: _____

(A) I like the class.

(B) It is Mr. Wilson.

(C) I can speak English.

 해석

소년: 누가 영어를 가르치니?

소녀: _____

(A) 나는 그 수업이 좋아.

(B) 그건 Mr. Wilson이야.

(C) 나는 영어를 말할 수 있어.

유형 1 의문문에 알맞은 응답 찾기

 풀이   정답 (B)

'누가 영어를 가르치냐'라는 질문에 "그건 Mr. Wilson이야."라고 대답한 (B)가 가장 적절합니다. (A)는 질문과 무관한 어떤 수업에 대한 내용으로 오답이고, (C) 또한 질문과 상관 없는 내용입니다. 따라서 정답은 (B)입니다.

Aa 어휘   n   **class** 수업   v   **speak** 말하다

헷갈리기 쉬운 표현 Tip!

✳ 의문사 Who의 동사 일치

의문사 'Who'가 주어로 쓰여 '누가'라는 의미로 쓰이는 경우, 뒤따라오는 동사는 3인칭 단수형을 써야합니다. 단, 'can'과 같은 조동사와 함께 쓰일 경우 원래 동사 기본모양을 그대로 사용합니다.

ex   **Who leaves** now? 누가 지금 떠나니?   **Who can go** to the market? 누가 마켓에 갈 수 있니?

Tip 의문사를 사용한 의문문에 어떻게 대답해야 하는지 생각해 보세요!

Q1

🎧 **Listen to the sentence and choose the best answer.**
영어 문장을 듣고 알맞은 대답을 고르세요.

(A) She has it.

(B) Yes, she is.

(C) She wears glasses.

토셀쌤의 문제 풀이 Tip!

'Who'와 같은 의문사를 사용한 의문문은 의문사와 관련된 특정 정보를 묻는 것이기 때문에, **Yes/No**로 답하지 않습니다. Yes/No로 답하는 의문문 유형도 함께 학습해 놓으면 문제 푸는데 도움이 됩니다.

Tip 의문사가 가리키고 있는 대상이 어떤 사람인지 생각해보세요!

Q2

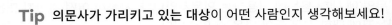

Listen to the sentence and choose the best answer.
영어 문장을 듣고 알맞은 대답을 고르세요.

(A) I like her.
(B) No, she's busy.
(C) She likes Nick.

헷갈리기 쉬운 표현 Tip!

✳ **Who를 사용하는 다양한 표현**

Who를 사용하는 표현들을 알아둡시다.

> **ex** **의문사 'Who'가 주어 역할을 할 때** <u>Who</u> likes Olive? 누가 올리브를 좋아하니?
> **의문사 'Who'가 목적어 역할을 할 때** <u>Who</u> does Olive like? 올리브는 누구를 좋아하니?

유형 2
What 의문문

What 의문문에 대한 알맞은 대답을 찾는 유형입니다.

What은 '무엇'에 대해 묻는데 사용하는 의문사입니다. 사물이 어떤 것인지 또는 누가 어떤 행동을 하는지에 대한 질문 등이 나올 수 있습니다.

• What 의문문

☐ **What is your name?**
너의 이름은 무엇이니?

☐ **What are they doing?**
그들은 무엇을 하고 있니?

☐ **What does he like?**
그는 무엇을 좋아하니?

☐ **What can he do?**
그는 무엇을 할 줄 아니?

☐ **What color is it?**
그것은 무슨 색이니?

☐ **What do you want?**
너는 원하는 것이 무엇이니?

✏️ Step 1. Example

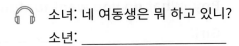

🎧 Track B-41

Q

Girl: What is your sister doing?

Boy: _____

(A) She is my sister.

(B) She is from Korea.

(C) She is eating lunch.

🔊 해석

🎧 소녀: 네 여동생은 뭐 하고 있니?

소년: _____

(A) 그녀는 나의 여자 형제야.

(B) 그녀는 한국에서 왔어.

(C) 그녀는 점심을 먹고 있어.

💬 풀이　　정답 (C)

What으로 시작하는 의문문으로 '무엇을(What)', '여자 형제(sister)', '하고 있니(doing)'를 잘 듣는다면 정답을 찾을 수 있습니다. '여자 형제가 하고 있는 것이 무엇이냐'에 대한 대답으로 '점심을 먹고 있다'는 대답이 가장 적절합니다. 따라서 정답은 (C)입니다.

Aa 어휘　　ⁿ **sister** 여자형제　　ⁿ **Korea** 한국　　ⁿ **lunch** 점심

ᵛ **eat** 먹다

헷갈리기 쉬운 표현 Tip!

∗ 의문사 What + be동사 + 주어 + 동사원형 -ing ~?

'~은/는 무엇을 ~하고 있니?' 라고 물을 때 [What + be동사+ 주어 + 동사원형 -ing~?]의 순서로 사용합니다.

ex **What** are you doing? 너는 무엇을 하고 있니? (O)

What you are doing? (X)　　You are doing **what**? (X)

🔷 Step 2. Pattern Practice

Q

Boy: What do you want for lunch?
Girl: _____

(A) A big book.
(B) A sandwich.
(C) A very busy day.

🔊 해석

🎧 소년: 점심 때 뭘 먹고 싶니?
소녀: _____

(A) 큰 책.
(B) 샌드위치.
(C) 아주 바쁜 하루.

💬 풀이   정답 (B)

What으로 시작하는 의문문으로 '무엇을(What)', '너는 원하니(you want)', '점심식사로(for lunch)'를 잘 듣는다면 정답을 찾을 수 있습니다. '점심으로 뭘 먹고 싶냐'에 대한 대답으로 "샌드위치."라고 대답한 (B)가 가장 적절합니다. 질문에서 'lunch'를 들었다면 대답은 음식과 관련된 단어인 것을 알 수 있기도 합니다. 따라서 정답은 (B)입니다.

Aa 어휘

n **lunch** 점심	adj **busy** 바쁜	n **sandwich** 샌드위치
v **want** 원하다	n **book** 책	

헷갈리기 쉬운 표현 Tip!

✳ **의문사 What + do/does + 주어 + 동사 ~?**

의문사 의문문에서 일반 동사를 사용하는 경우, 의문사 'What' 뒤에는 [do/does + 주어 + 동사 ?]의 순서로 쓰입니다. Do/does는 주어의 인칭에 일치시켜 사용합니다.

ex **What do** you need? 너는 무엇을 필요로 하니?   **What does** he need? 그는 무엇을 필요로 하니?

Q

W: What color is your car?

M: _____

(A) It's black.
(B) It is really big.
(C) I want a new job.

 해석

여: 너의 차는 무슨 색이니?

남: _____

(A) 그것은 검정색이야.
(B) 그것은 정말 커.
(C) 나는 새 일자리를 원해.

풀이   정답 (A)

What으로 시작하는 의문문으로 '무엇을(What)', '색(color)', '너의 차(your car)'를 잘 들었다면 정답을 찾을 수 있습니다. '너의 차는 무슨 색이냐'에 대한 대답으로 "It's black."이라고 대답한 (A)가 가장 적절합니다. 따라서 정답은 (A)입니다. (B)는 크기에 관해 이야기하고 있으므로 정답으로 적절하지 않고, (C)또한 질문과 상관 없는 내용으로 오답입니다.

Aa 어휘
adj **big** 큰, 크게   adj **new** 새, 새로운   adv **really** 실제로, 진짜로

n **job** 일, 일자리

함께 알아두면 좋은 표현

＊ 의문사 What + 명사

의문사 'What'과 함께 붙어 다니며 의문문에서 자주 쓰는 표현들을 알아 봅시다.

ex **What** time is it now? 지금 몇 시니?   **What** size is your shirt? 너의 셔츠는 무슨 사이즈니?

What day is it today? 오늘은 무슨 요일이니?   **What** color is your bag? 너의 가방은 무슨 색이니?

Tip 의문사 뒤에 어떤 명사가 따라오는지 잘 들어보세요!

Q1

🎧 **Listen to the sentence and choose the best answer.**
영어 문장을 듣고 알맞은 대답을 고르세요.

(A) Winter

(B) Baseball

(C) Snowman

헷갈리기 쉬운 표현 Tip!

✳ **What 의문문에 대답하기**

질문의 주어와 대답의 주어가 일치하는지 주의 깊게 살펴보는 것이 중요합니다.

ex **What** is this/that? 이것(저것)은 무엇이니? ➡ **This/That/It** is a hat. 이것/저것/그것은 모자야.

　　What does she want? 그녀는 무엇을 원해? ➡ **She** wants some flowers. 그녀는 꽃을 좀 원해.

Tip 사람들이 어떤 행동을 하고 있는지 잘 들어보세요!

Q2

🎧 **Listen to the sentence and choose the best answer.**
영어 문장을 듣고 알맞은 대답을 고르세요.

(A) It is dark outside.
(B) He is eating a hot dog.
(C) They are having hamburgers.

토셀쌤의 문제 풀이 Tip!

대화에서 **질문의 주어와 대답의 주어가 일치하는지** 살펴봅시다. 2번 문제의 경우, (B)의 'He(그)'는 질문의 주어인 'people(사람들)'과 일치하지 않으므로 틀린 답입니다.

유형 3
Where 의문문

Where 의문문에 대한 알맞은 대답을 찾는 유형입니다.

Where은 장소나 위치를 물어보는데 쓰이는 의문사입니다.
따라서 대답으로는 물어보는 내용에 알맞은 장소나 위치를 알려주어야 합니다.

• Where 의문문

☐ **Where is it?**
그것은 어디에 있니?

☐ **Where do you live?**
너는 어디에 사니?

☐ **Where does he come from?**
그는 어디서 왔니?

☐ **Where is your car?**
너의 차는 어디에 있니?

☐ **Where can I find it?**
그것을 어디서 찾을 수 있니?

☐ **Where are you going?**
너는 어디에 가고 있니?

✏️ Step 1. Example

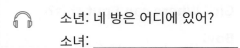

Q

Boy: Where is your room?
Girl: _____

(A) It is big.
(B) They like it too.
(C) Next to the bathroom.

🔊 **해석**

🎧 소년: 네 방은 어디에 있어?
소녀: _____

(A) 그것은 크다.
(B) 그들도 그걸 좋아해.
(C) 화장실 옆에 있어.

💬 **풀이**   정답 (C)

'Where'로 시작하는 질문으로 위치를 물어보고 있습니다. '네 방이 어디에 있냐'는 질문에 '화장실 옆에'라고 말하며 위치를 알려준 (C)가 가장 적절합니다. 따라서 정답은 (C)입니다.

Aa 어휘   [n] **room** 방   [n] **bathroom** 화장실   [prep] **next to** 옆에   [adj] **big** 크다

헷갈리기 쉬운 표현 Tip!

✳ 의문사 Where + be동사 + 주어 ~?

'~은/는 어디에 있니?'라고 물을 때는 [Where + be동사 + 주어~ ?]의 순서로 사용합니다.

ex **Where** is my cellphone? 내 휴대전화가 어디에 있니? (O)

Where my cellphone is? (X)   My cellphone is **where**? (X)

🎧 Track B-46

Q

Girl: Where can I put this?
Boy: _____

(A) That is red.
(B) On the chair.
(C) That was yesterday.

🔊 해석

🎧 소녀: 이거 어디에다 둘 수 있어?
소년: _____

(A) 그것은 빨간색이야.
(B) 의자 위에.
(C) 그것은 어제였어.

💬 풀이   정답 (B)

'Where'로 시작하는 질문으로 위치를 물어보고 있습니다. '이거 어디에다 둘 수 있냐'는 질문에 "의자 위에."라고
말하며 위치를 알려준 (B)가 가장 적절합니다. 따라서 정답은 (B)입니다.

Aa 어휘   adj **red** 빨간색   prep **on** 위에   n **chair** 의자   n **yesterday** 어제

헷갈리기 쉬운 표현 Tip!

✱ 의문사 Where와 조동사 Can

'~할 수 있다'라는 의미를 가지는 조동사 'can'은 의문사 'Where'와 함께 쓰일 때, 'Where' 다음에
오는 순서로 쓰입니다. [Where + can + 주어 + 동사~?] 의미는 '어디에 ~할 수 있어?'로 해석합니다.

ex **Where** can I sit? 나는 어디에 앉을 수 있니? (O)   Can **Where** I sit? (X)   Can I sit **where**? (X)

Q

Boy: Where do you meet Cassie?
Girl: _____

(A) I don't know her.
(B) We meet on Tuesday.
(C) We meet at the airport.

🔊 해석

🎧 소년: 너는 Cassie를 어디에서 만나니?
소녀: _____

(A) 나는 그녀를 몰라.
(B) 우리는 화요일에 만나.
(C) 우리는 공항에서 만나.

유형 3 의문문에 알맞은 응답 찾기

💬 풀이   정답 (C)

의문사 'Where'로 시작하는 질문으로 위치를 물어보고 있습니다. "너는 Cassie를 어디에서 만나니?"라는 질문에 '공항에서 만난다'라고 말하며 위치를 알려준 (C)가 가장 적절합니다. (B)는 'When'으로 시작하는 질문에 대한 답이기에 오답입니다. 따라서 정답은 (C)입니다.

Aa 어휘   v meet 만나다   n airport 공항   prep at ~에(서)   v know 알다

헷갈리기 쉬운 표현 Tip!

* 의문사 Where + do/does + 주어 + 동사 ~?

의문사 의문문에서 일반 동사를 사용하는 경우, 의문사 'Where' 뒤에는 [do/does + 주어 + 동사~?]의 순서로 쓰입니다. do/does는 주어의 인칭에 일치시켜 사용합니다.

ex **Where do you live?** 너는 어디에 사니?   **Where does he live?** 그는 어디에 사니?

Pre-Starter Listening & Speaking   99

Tip 어떤 의문사를 사용하고 있는지 들어보세요!

Q1

🎧 **Listen to the sentence and choose the best answer.**
영어 문장을 듣고 알맞은 대답을 고르세요.

(A) On Sundays.

(B) At the hospital.

(C) In her backpack.

토셀쌤의 문제 풀이 Tip!

영어에는 Who, What, Where, When 등 여러 의문사들이 있습니다.
어떤 의문사를 사용한 질문을 하고 있는지 주의 깊게 듣는 것이 질문의
답을 찾는데 도움이 됩니다.

Tip 의문사와 일치하는 선택지를 찾아보세요!

Q2

Listen to the sentence and choose the best answer.
영어 문장을 듣고 알맞은 대답을 고르세요.

(A) In my car.
(B) In October.
(C) A computer game.

헷갈리기 쉬운 표현 Tip!

＊ 'Where' 의문문에 대답할 때 자주 쓰는 전치사 표현

'in'은 국가/도시와 같은 넓은 장소를 나타낼 때 주로 쓰이고, 명확한 장소를 나타낼 때에는 'at'을 씁니다. 교통수단이나 표면과 관련된 위치를 가리킬 때에는 'on'을 사용합니다.

ex in **in** France   at **at** my sister's house   on **on** a bus/**on** the first floor

유형 4
When 의문문

When 의문문에 대한 알맞은 대답을 찾는 유형입니다.

When은 '시간'이나 '때'를 물어보는데 쓰이는 의문사입니다.
따라서 물어보는 내용에 알맞은 시간, 날짜, 요일, 월, 연도, 때 등을 알려주어야 합니다.

• When 의문문 ─────────────────────

☐ **When is your soccer practice?**
네 축구 연습은 언제니?

☐ **When can you come?**
너는 언제 올 수 있니?

☐ **When does school start?**
학교는 몇 시에 시작하니?

☐ **When do they sleep?**
그들은 언제 자니?

☐ **When do you wake up?**
너는 몇 시에 일어나니?

☐ **When are they leaving?**
그들은 언제 떠나니?

Step 1. Example

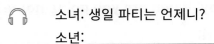

🎧 Track B-49

Q

Girl: When is the birthday party?

Boy: _____

(A) Be careful.

(B) Sometimes.

(C) Next Saturday.

🔊 해석

🎧 소녀: 생일 파티는 언제니?

소년: _____

(A) 조심해.

(B) 가끔.

(C) 다음주 토요일.

💬 풀이   정답 (C)

'When'의문사로 시작하여 '생일파티가 언제인지'를 물어보는 질문으로, 요일이나 시간을 나타내는 단어가 있는 대답을 고르면 됩니다. "다음주 토요일."이라고 말하며 요일을 알려준 (C)가 가장 적절합니다. (A)는 조심하라는 뜻으로 질문에 알맞지 않은 대답이고, (B)는 가끔이라는 뜻으로 역시 알맞지 않습니다. 따라서 정답은 (C)입니다.

Aa 어휘   n **birthday** 생일   adj **careful** 조심스러운   adv **sometimes** 가끔

n **Saturday** 토요일   adj **next** 다음

함께 알아두면 좋을 표현

＊ 요일을 나타내는 표현

철자법에 유의하며 자주 사용되는 요일 표현들을 알아봅시다.

Monday 월요일   Tuesday 화요일   Wednesday 수요일   Thursday 목요일   Friday 금요일
Saturday 토요일   Sunday 일요일

Q

Boy: When are you going home?
Girl: _____

(A) After school.
(B) With my family.
(C) At the soccer field.

🔊 해석

🎧 소년: 넌 언제 집에 갈 거니?
   소녀: _____

(A) 방과 후에.
(B) 내 가족과 함께.
(C) 축구장에서.

💬 풀이   정답 (A)

'When'의문사로 시작하여 '언제 집에 갈 것인지'를 물어보는 질문으로, '시간'이나 '때'를 나타내는 단어가 있는 대답을 고르면 됩니다. "방과 후에."라고 말하며 '때'를 알려준 (A)가 가장 적절합니다. 따라서 정답은 (A)입니다.

Aa 어휘   n **family** 가족   n **school** 학교   phr **soccer field** 축구장

           n **home** 집   prep **after** 후에

헷갈리기 쉬운 표현 Tip!

＊ 의문사 When + be동사 + 주어 + 동사

'~를 언제 할거니?'라고 물을 때는 [When + be동사 + 주어 + 동사~?]의 순서로 사용합니다.

ex **When** is he coming? 그는 언제 오니? (O)
   When he is coming? (X)   He is coming **when**? (X)

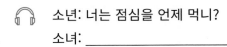
유형 4 의문문에 알맞은 의답 찾기

Q

Boy: When do you eat lunch?

Girl: _____

(A) Maybe

(B) At 12 PM

(C) Next week.

◁» 해석

🎧 소년: 너는 점심을 언제 먹니?

소녀: _____

(A) 아마도.

(B) 오후 12시에.

(C) 다음주에.

💬 풀이　　정답 (B)

'When' 의문사로 시작하여 '언제 점심을 먹는지'를 물어보는 질문으로, '시간'이나 '때'를 나타내는 단어가 있는 대답을 고르면 됩니다. '오후 12시에'가 '시간'을 가장 적절하게 표현하고 있습니다. 따라서 정답은 (B)입니다.

Aa 어휘　　n lunch 점심　　adv maybe 아마도

헷갈리기 쉬운 표현 Tip!

＊ 정확한 시간을 나타내는 전치사

정확한 시간을 나타낼 때는 'at' 전치사를 사용해야 합니다.

ex I go to school **at** 9 AM. 　나는 오전 9시에 학교 간다.

Basketball practice is **at** 3 PM. 　농구 연습은 오후 3시에 있다.

Tip 어떤 의문사를 사용하고 있는지 들어보세요!

Q1

🎧 **Listen to the sentence and choose the best answer.**
영어 문장을 듣고 알맞은 대답을 고르세요.

(A) Keep going.
(B) Never mind.
(C) After dinner.

토셀쌤의 문제 풀이 Tip!

2번 질문과 같이 날짜와 관련된 질문이 등장할 수 있습니다. 날짜 관련 문제가 등장할 경우를 대비해 'day', 'month', 'year' 표현들을 알아두도록 합시다.

🎧 Track B-52

Tip 의문사와 일치하는 선택지를 찾아보세요!

Q2

🎧 **Listen to the sentence and choose the best answer.**
영어 문장을 듣고 알맞은 대답을 고르세요.

(A) I hope so.
(B) Next month.
(C) Before dinner.

헷갈리기 쉬운 표현 Tip!

✳ **Before, During, After**

어떤 행동을 언제 하는지 물어볼 때 'before', 'during', 'after' 단어를 사용할 수 있습니다.

ex I'll clean my room **after** I do homework. 나는 숙제를 하고 방 청소할게.

Please wash your hands **before** you eat. 너는 먹기 전에 손을 씻어줘.

유형 5
How 의문문

How 의문문에 대한 알맞은 대답을 찾는 유형입니다.

How는 방법, 기분, 가격, 나이 등을 물어보는데 쓰이는 의문사입니다.
How는 단독으로 쓰일 수도 있지만 How 뒤에 다른 단어가 따라와 자세한 것을 물을 수 있으니 주의해야 합니다.

• How 의문문

☐ **How is your family?**
너의 가족은 어떻게 지내?

☐ **How long is the line?**
줄은 얼마나 기니?

☐ **How old is she?**
그녀는 몇 살이니?

☐ **How do you play the guitar?**
기타는 어떻게 치니?

☐ **How much is this?**
이것은 얼마니?

☐ **How is she doing?**
그녀는 어떻게 지내니?

🎧 Track B-53

Q

> Boy: How are you doing?
> Girl: _____
>
> (A) I am good.
> (B) It is very sharp.
> (C) She did not come.

🔊 해석

🎧 소년: 어떻게 지내?
소녀: _____

(A) 나는 잘 지내.
(B) 그것은 아주 뾰족해.
(C) 그녀는 오지 않았어.

💬 풀이   정답 (A)

'How' 의문사로 시작하여 상대방의 기분을 물어보는 질문입니다. 이 질문에 대해 "나는 잘 지내."라고 대답한 (A)가 가장 적절합니다. (B)와 (C)는 기분을 물어보는데 알맞은 정답이 아닙니다. 따라서 정답은 (A)입니다.

 어휘   adj **good** 즐거운, 좋은   adj **sharp** (칼날 등이) 날카로운, 뾰족한

함께 알아두면 좋을 표현

> ＊ **How are you doing?**
>
> "How are you doing?"은 "어떻게 지내?" 라는 의미로 못 본 사이에 잘 지냈는지 상대방에게 안부를 물어보는 표현입니다.

Q

Girl: How old is he?

Boy: _____

(A) He is five.

(B) Thank you.

(C) They are at home.

🔊 해석

🎧 소녀: 그는 몇 살이야?

소년: _____

(A) 그는 5살이야.

(B) 고마워.

(C) 그들은 집에 있어.

💬 풀이   정답 (A)

'How old'로 시작하여 나이를 물어보는 질문입니다. 이 질문에 대해 "그는 5살이야."라고 나이를 알려준 (A)가 가장 적절합니다. (B)와 (C)는 나이를 묻는 질문에 대한 대답이 아닙니다. 따라서 정답은 (A)입니다.

Aa 어휘   n **home** 집   phr **how old** 얼마나 오래된, (나이가) 얼마나 많은

함께 알아두면 좋을 표현

＊ **상대방의 나이를 묻는 표현**

'How old + be동사 ~'는 나이를 물을 때 사용하는 표현입니다. 인원 수에 따라 be 동사 3인칭 단수 혹은 복수를 사용할 수 있습니다.

Q

Boy: How do you go home?
Girl: _____

(A) It's sunny.
(B) I ride a bicycle.
(C) I watch a video.

 해석

🎧 소년: 너는 집에 어떻게 가니?
    소녀: _____

(A) 날씨가 화창해.
(B) 나는 자전거를 타.
(C) 나는 영상을 봐.

💬 풀이   정답 (B)

'How' 의문사로 시작하여 집에 어떻게 가는지 물어보는 질문입니다. 이 질문에 대해 "나는 자전거를 타." 라고 교통수단을 알려준 (B)가 가장 적절합니다. (A)와 (C)는 집에 가는 방법으로 알맞는 정답이 아닙니다. 따라서 정답은 (B)입니다.

Aa 어휘   adj **sunny** 화창한   n **bicycle** 자전거   n **video** 영상

헷갈리기 쉬운 표현 Tip!

＊ 의문사 How + do/does + 주어 + 동사

  '~어떻게 할 거니?'라고 물을 때는 [How + do/does + 주어 + 동사~ ?]의 순서로 사용합니다.

  ex **How** does he write?   그는 어떻게 글을 쓰니? (O)
     How he does write? (X)   He does write **how**? (X)

Tip 어떤 의문사를 사용하고 있는지 들어보세요!

Q1

🎧 **Listen to the sentence and choose the best answer.**
영어 문장을 듣고 알맞은 대답을 고르세요.

(A) Right now.
(B) By walking.
(C) You're welcome.

토셀쌤의 문제 풀이 Tip!

'How do you go there?'는 상대방의 교통수단을 물어보는 질문이므로 교통수단을 포함한 문장이 정답입니다. 다양한 교통수단 이름들을 알아두도록 합시다!

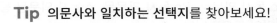

Tip 의문사와 일치하는 선택지를 찾아보세요!

Q2

🎧 **Listen to the sentence and choose the best answer.**
영어 문장을 듣고 알맞은 대답을 고르세요.

(A) It is $5.00.
(B) She is at home.
(C) That's ok, thank you.

함께 알아두면 좋을 표현

✳ **가격을 물어보는 표현**

'How much is it?'는 '얼마입니까?'라는 의미로 물건의 가격을 물어볼 때 사용하는 표현입니다.
질문 뒤에 오는 'it'은 물건 이름으로 대체 가능합니다.

ex **How much is** this scarf? 이 목도리는 얼마입니까?

유형 6
Yes/No 의문문

Do 동사 의문문, Be 동사 의문문, 조동사 의문문에 Yes/No로 대답하는 유형입니다.

대답이 Do 동사 의문문, Be 동사 의문문, 조동사 의문문 등 각 질문 유형과 일치하는지 확인하는 것이 중요합니다.

• Yes/No 의문문 ─────────────────────────

☐ **Do you need anything?**
너는 필요한 게 있니?

☐ **Are you tired?**
너는 피곤하니?

☐ **Does he like it?**
그는 그것을 좋아하니?

☐ **Is he coming?**
그는 오고 있니?

☐ **Do you want some cake?**
케이크 좀 먹을래?

☐ **Is that blue?**
그것은 파란색이니?

Q

Girl: Do you want some bread?

Boy: _____

(A) No, I'm not.

(B) Yes, please.

(C) Yes, she does.

 해석

🎧 소녀: 빵 좀 먹을래?

소년: _____

(A) 아니, 난 아니야.

(B) 응, 부탁해.

(C) 응, 그녀는 그래.

💬 **풀이**   정답 **(B)**

'Do you~'로 시작하여 '(너) 빵을 먹고싶니'라는 질문에 대해 "Yes, please.(응, 부탁해.)"라고 대답한 (B)가 가장 적절합니다. 또한 'Yes'와 함께 무언가를 부탁할때 쓰는 말인 'please'가 함께 나왔고 원한다는 대답을 표현하고 있습니다. 따라서 정답은 (B)입니다.

Aa **어휘**   n   **bread**   빵

함께 알아두면 좋을 표현

＊ 부탁의 의미의 'please'

'please'는 '제발'이라는 뜻도 있지만 부탁할 때 사용하는 표현이기도 합니다.

ex   Could you pass me the salt, **please**?
소금 좀 건네주시겠어요?

Q

Boy: Are you going to the party?

Girl: _____

(A) Yes, I am.

(B) No, he is outside.

(C) Yes, I am very hungry.

🔊 해석

🎧 소년: 파티에 갈 거야?

소녀: _____

(A) 응, 난 갈 거야.

(B) 아니, 그는 밖에 있어.

(C) 응, 난 매우 배고파.

💬 풀이   정답 (A)

'Are you~'로 시작하여 '(너) 파티에 갈거야'라는 질문에 대해 "Yes, I am.(응, 난 갈거야.)"라고 대답한 (A)가 가장 적절합니다. (B)는 위치를 알려주고 있으며 (C)는 배고프다고 말하고 있어서 부적절한 대답입니다. 따라서 정답은 (A)입니다.

Aa 어휘   n **party** 파티   adv **outside** 밖에   adj **hungry** 배고픈

함께 알아두면 좋을 표현

✻ **Be 동사가 포함된 질문**

Be 동사 의문문이 올 때는 항상 **Yes/No**로 대답해야 된다는걸 기억합시다.

ex Q : Are you cold? 너 춥니?   A : **Yes**, I am. 응, 추워.

Q : Is he tall? 그는 키가 크니?   A : **No**, he's short. 아니, 그는 키가 작아.

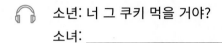
Q

Boy: Are you going to eat that cookie?
Girl: _____

(A) Yes, I do.
(B) Yes, he is.
(C) No, I'm not.

🔊 **해석**

🎧 소년: 너 그 쿠키 먹을 거야?
소녀: _____

(A) 응, 난 그래.
(B) 응, 그는 그래 .
(C) 아니, 안 먹을 거야.

 풀이   정답 (C)

'Are you~'로 시작하여 "(너) 그 쿠키 먹을거야?"라는 질문에 "No, I'm not. (아니, 안 먹을거야.)"라고 대답한
(C)가 가장 적절합니다. (A)와 (B)는 질문에 대한 대답이 아닙니다. 따라서 정답은 (C)입니다.

Aa **어휘**   ᵛ **eat** 먹다   ⁿ **cookie** 쿠키

헷갈리기 쉬운 표현 Tip!

＊ 질문과 답에 Be 동사 일치하기

질문과 대답에 나오는 동사가 일치해야 합니다. 질문에서 be 동사를 사용했다면 대답에서도 be 동사를
찾아야 합니다.

ex   Q : **Is** he a student? 그는 학생이니?   A : Yes, he **is**. 응, 그는 학생이야.

Tip 어떤 정보를 물어보고 있는지 잘 들어보세요!

Q1

🎧 **Listen to the sentence and choose the best answer.**
영어 문장을 듣고 알맞은 대답을 고르세요.

(A) No, I can't.

(B) Yes, very well.

(C) Yes, it's mine.

토셀쌤의 문제 풀이 Tip!

질문에 대한 대답이 do 동사 의문문, be 동사 의문문, 조동사 의문문 **각 질문 유형과 일치하는지** 확인하는 것이 중요합니다. 또한, 질문과 대답에 등장한 주어가 서로 일치하는지 자세히 들어봐야 합니다.

Tip 질문 유형이 무엇인지 잘 들어보세요!

Q2

🎧 **Listen to the sentence and choose the best answer.**
영어 문장을 듣고 알맞은 대답을 고르세요.

(A) Yes, he can.
(B) No, she can't.
(C) Yes, he's happy.

헷갈리기 쉬운 표현 Tip!

＊ 조동사 Can + 주어 + 동사 ~

조동사가 있는 의문문에서 조동사는 항상 문장의 맨 앞에 위치합니다. '~할 수 있니?'라고 물을 때는 [Can + 주어 + 동사 ~ ?]의 순서로 사용합니다.

ex **Can** she sing? 그녀는 노래 부를 수 있니? (O)　　**Can** sing she? (X)　　She **can** sing? (X)

유형 7
평서문 / 요청문 / 명령문

평서문, 요청문, 명령문과 같은 종류의 말에 대한 알맞은 대답을 찾는 유형입니다.

질문이 아니기 때문에 적절한 대답을 찾는 것이 어려울 수 있습니다. 질문을 잘 듣고 의미를 정확히 이해한 후 적절한 대답을 찾아야 합니다.

• 평서문/요청문/명령문

☐ **Let's play soccer.**
축구를 하자.

☐ **I am really hungry.**
나 정말 배고파.

☐ **Can you open the window?**
창문 좀 열어줄 수 있어?

☐ **I want an apple, please.**
사과를 주세요.

☐ **Come home at 5 PM.**
오후 5시에 집에 와라.

☐ **Read the book out loud.**
그 책을 소리내 읽어라.

✏️ Step 1. Example

Q

Boy: Let's go to the park.
Girl: _____

(A) My pleasure.
(B) Sounds good.
(C) It is on Monday.

◁》 **해석**

🎧 소년: 공원에 가자.
소녀: _____

(A) 천만에.
(B) 좋아.
(C) 월요일이야.

💬 **풀이**　　정답 **(B)**

'Let's~' 로 시작하여 '공원에 가자'고 요청하고 있습니다. 이 요청에 대해 "좋아."라고 요청을 들어준 (B)가 가장 적절한 대답입니다. (A)는 'Thank you(고마워)'에 알맞은 대답이며, (C)는 'When'으로 묻는 질문에 알맞은 대답입니다. 따라서 정답은 (B)입니다.

Aₐ **어휘**　ⁿ **park** 공원　ⁿ **pleasure** 기쁨, 즐거움　ⁿ **Monday** 월요일

헷갈리기 쉬운 표현 Tip!

＊ **Let's~ 사용법**

'Let's~'는 '~ 하자'라는 의미로 상대방에게 무엇을 함께 하자고 제안할 때 사용하는 표현입니다.
'Let's~' 뒤에는 항상 동사원형을 사용해야 합니다.

ex **Let's** eat breakfast. 　우리 아침 먹자.　　**Let's** study together. 　우리 같이 공부하자.

Q

Girl: She is freezing.

Boy: _____

(A) That is broken.

(B) Give her a sweater.

(C) Let's go to a restaurant.

🔊) 해석

🎧 소녀: 그녀는 추위를 타고 있어.

소년: _____

(A) 그것은 고장났어.

(B) 그녀에게 스웨터를 줘.

(C) 식당에 가자.

💬 풀이   정답 (B)

추워하는 소녀에게 무언가를 해줘야 한다는 의미를 상대방에게 표현하고 있습니다. 이 말에 대해 "그녀에게 스웨터를 줘."라고 말한 (B)가 가장 적절합니다. (A)와 (C) 모두 그녀에 대한 표현을 안 하고 있습니다. 따라서 정답은 (B)입니다.

Aa 어휘   ⓥ **give** 주다   adj **broken** 부러진, 깨진   n **restaurant** 식당

adj **freezing** 꽁꽁 얼게 [너무나] 추운

헷갈리기 쉬운 표현 Tip!

＊ She is~

'She is~'는 '그녀는 ~다'라는 의미로 여성에 대한 설명을 할 때 사용할 수 있는 표현입니다.

ex **She is** a teacher. 그녀는 선생님이다.   **She is** wearing a green hat. 그녀는 초록색 모자를 쓰고 있다.

Q

Girl: I like your shirt.

Boy: _____

(A) I cooked it.

(B) I'm sorry.

(C) Thank you.

 해석

소녀: 너의 셔츠가 마음에 들어.

소년: _____

(A) 내가 요리한거야.

(B) 미안해.

(C) 고마워.

💬 풀이   정답 (C)

셔츠가 마음에 든다는 칭찬에 "고마워."라는 말이 가장 적절합니다. (A)와 (B)는 둘 다 내용이 알맞지 않습니다. 따라서 정답은 (C)입니다.

Aa 어휘   **shirt** 셔츠   **cook** 요리하다   adj **sorry** 미안한

헷갈리기 쉬운 표현 Tip!

＊ I like~

'I like~'는 '~ 를 좋아해'라는 의미로 상대방에게 어떤 것을 좋아한다고 언급할 때 사용하는 표현입니다.

ex **I like** coffee with milk. 나는 우유가 들어간 커피를 좋아한다.

Tip 질문의 내용과 가장 어울리는 상황이 무엇인지 생각해보세요!

Q1

🎧 **Listen to the sentence and choose the best answer.**
영어 문장을 듣고 알맞은 대답을 고르세요.

(A) Help yourself.
(B) This is for you.
(C) Let's play soccer.

토셀쌤의 문제 풀이 Tip!

평서문, 요청문, 명령문 등은 질문에 대한 대답을 찾는 것이 아니라 말을 듣고 알맞는 대답을 찾는 유형입니다. 질문을 잘 듣고 **의미를 정확히 이해**한 후에 적절한 대답을 찾아야 합니다.

Tip 질문 유형이 무엇인지 잘 들어보세요!

Q2

🎧 **Listen to the sentence and choose the best answer.**
영어 문장을 듣고 알맞은 대답을 고르세요.

(A) She eats a burger.

(B) She likes to study.

(C) She missed the bus.

함께 알아두면 좋을 표현

＊ miss의 다양한 뜻

동사 miss는 '그리워하다, 아쉬워하다'라는 뜻 이외에도 '놓치다, 빗나가다, 이해하지 못하다'라는 뜻으로 자주 쓰입니다.

ex I **miss** my grandmother. 나는 나의 할머니가 그립다. **Jane** missed the train. Jane은 기차를 놓쳤다.

Part C Listen and Retell

Part C 유형설명

유형	세부 내용	문항 수
대화에 알맞은 그림 고르기	1. 인물/동작	각 유형이 골고루 출제됨
	2. 날씨/시간/수	
	3. 사물/동물/음식	
총 3개 유형		총 5문항

DIRECTION

1. 11번부터 15번까지는 대화를 듣고 질문에 맞는 그림을 고르는 문제입니다.

2. 대화는 두 번씩 들려주며, 시험지에는 각 문항 당 1개의 질문과 3개의 그림만 주어집니다.

Part C 는 이렇게 준비하자!

❶ 주어진 3개의 그림과 질문을 미리 살펴보자.

Part C에서는 한 문제 당 3개의 그림과 1개의 질문이 시험지에 주어지기 때문에 미리 그것들을 본다면 듣기(대화)에서 어떤 부분을 잘 들어야 하는지를 알 수 있습니다. 그림 3개를 보는 방법은 특징을 알아보는 것인데 예를 들어, 3가지 그림 속에 모두 같은 남자 아이가 있지만 각각 다른 동작을 하고 있는 그림이라면, '남자아이는 어떤 동작을 하고 있는가?'를 물어볼 가능성이 높으므로 그것에 초점을 맞추어 대화를 들어야 합니다.

❷ 우리 주변에서 자주 쓰이는 영어 단어를 익히자.

사물/동물/음식의 이름, 인물/동물의 동작, 날씨/시간/숫자/색 등을 표현하는 영어 단어를 익히도록 합시다. 가까운 주변에 있는 사물들을 볼 때마다 영어 단어로 한 번씩 생각해 보고, 반복하다 보면 나도 모르게 영어 단어를 자연스럽게 익힐 수 있습니다.

VOCABULARY

v	**fly**	날다	
n	**grandparents**	할아버지와 할머니	
n	**uncle**	삼촌	
n	**aunt**	이모	
adj	**cold**	추운	
pron	**mine**	나의 것	
n	**gift**	선물	
n	**sheep**	양	

v	**read**	읽다
adv	**just**	방금
n	**animal**	동물
n	**pig**	돼지
adv	**outside**	밖에
v	**start**	시작하다
n	**box**	상자
n	**key**	열쇠

유형 1
인물 / 동작

인물의 동작, 모습, 또는 직업과 관련된 대화문이 자주 나옵니다.

먼저 그림 3개를 보면서 각각 어떤 특징이 있는지를 알아본 후 주어진 질문을 읽고 대화를 2번 듣습니다. 그리고 질문에 가장 알맞은 답을 그림으로 고르는 유형입니다.

• 인물의 동작 영어표현

☐ **hit** (야구 등에서 공을) 치다

☐ **kick** (발로) 차다

☐ **travel** 여행하다

☐ **dance** 춤을 추다

• 직업 영어표현

☐ **singer** 가수

☐ **golfer** 골프 치는 사람

☐ **skier** 스키 타는 사람

☐ **actor** 배우

✏️ Step 1. Example

Q

Boy: What do you want to be?

Girl: I want to be a violinist.

Q What does she want to be?

(A)　　　　　(B)　　　　　(C)

🔊 해석 🎧 소년: 뭐가 되고 싶니?

소녀: 나는 바이올린 연주자가 되고 싶어.

질문: 그녀는 무엇이 되고 싶은가?

💬 풀이　　정답 (C)

대화에서 소년은 소녀의 장래희망을 묻고 있습니다. 여자는 'violinist(바이올린 연주자)'가 되고 싶다고 대답하고 있습니다. 따라서 정답은 (C)입니다.

Aa 어휘　　ⁿ **cook** 요리사　　ⁿ **artist** 화가, 예술가　　ⁿ **violinist** 바이올린 연주자

💡 Tip

Cook과 chef는 비슷한 상황에서 사용하지만 동일한 의미를 갖고 있지 않습니다. **Cook**는 주방에서 요리하는 사람을 지칭하고 **chef**는 전문적으로 요리를 배운 사람을 지칭합니다.

Q

Girl: What is Jack doing?
Boy: He is riding his bicycle.
Q What is he doing?

(A)

(B)

(C)

🔊 **해석** 🎧 소녀: Jack은 무엇을 하고 있어?
소년: 그는 자전거를 타고 있어.
질문: 그는 무엇을 하고 있는가?

💬 **풀이** 　　　정답 (B)

행동에 대한 질문과 그에 적절한 그림을 찾는 문제입니다. 'bicycle'이라는 단어를 배웠다면 쉽게 풀 수 있는 문제입니다. 따라서 정답은 (B)입니다.

Aa **어휘** 　v **ride** 타다　　 n **bicycle** 자전거

💡 **Tip**

위의 문제와 같이 인물의 동작에 대해 물어보는 유형의 경우 운동과 관련된 질문이 등장할 수 있습니다. 따라서 평소에 운동과 관련된 다양한 단어들을 알아두는 것이 중요합니다.

Q

Boy: What is the girl doing?
Girl: She is flying a kite.
Q What is she doing?

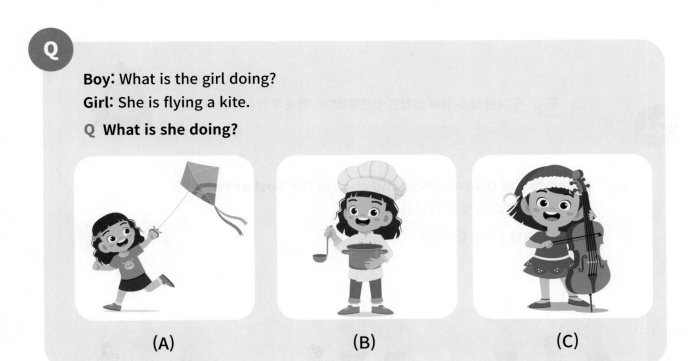

(A)   (B)   (C)

🔊 **해석** 🎧 소년: 그녀는 무엇을 하고 있어?
소녀: 그녀는 연을 날리고 있어.
질문: 그녀는 무엇을 하고 있는가?

💬 **풀이**   정답 (A)

행동에 대한 질문과 그에 적절한 그림을 찾는 문제입니다. 'kite'이라는 단어를 배웠다면 쉽게 풀 수 있는 문제입니다.
따라서 정답은 (A)입니다.

Aa **어휘**   v   **fly** 날다, 날리다   n   **kite** 연

💡 **Tip**

악기를 연주할 때나 스포츠를 즐길 때 모두 'play' 동사를 사용합니다.

Tip 세 그림 모두 행동 그림인 것으로 보아, **행동**과 관련된 대화겠군요!

Q1

🎧 **Listen to the conversation and choose the best answer.**
영어 대화를 듣고 알맞은 대답을 고르세요.

Q What are they doing?

(A)

(B)

(C)

토셀쌤의 문제 풀이 Tip!

주어진 세 개의 그림을 보면서 **각각 어떤 것을 나타내는지** 파악하는 것이 중요합니다. 그러므로 대화를 자세히 듣고 질문에 가장 알맞은 답을 고르도록 합시다.

Tip 세 그림 모두 다양한 옷을 입고 있는 그림인 것으로 보아, **직업**과 관련된 대화겠군요!

Q2

 Listen to the conversation and choose the best answer.
영어 대화를 듣고 알맞은 대답을 고르세요.

Q **What are the girl's parents?**

(A)   (B)   (C)

헷갈리기 쉬운 표현 Tip!

＊ **가족관계 단어 표현**

문제에 가족관계를 알아야 되는 문제들이 있습니다. 평소에 가족관계 이름들을 알아두도록 합시다.

ex	grandfather 할아버지	sister 여자 형제	father 아버지	uncle 삼촌/이모부
	grandmother 할머니	brother 남자 형제	mother 어머니	aunt 이모/고모

유형 1 대화에 알맞은 그림 고르기

유형 2
날씨 / 시간 / 수

날씨, 시간, 수 등에 대해 묻고 대답하는 대화가 자주 나옵니다.

날씨, 시간 그리고 수를 표현하는 다양한 상황들과 단어들을 알아두는 것이 해당 유형의
문제를 푸는 데에 도움이 됩니다.

• 날씨 영어표현

- [ ] **windy**   바람이 많이 부는
- [ ] **wet**   비가 오는, 궂은
- [ ] **snowy**   눈이 많이 내리는
- [ ] **rainbow**   무지개

• 시간 영어표현

- [ ] **afternoon**   오후
- [ ] **evening**   저녁
- [ ] **morning**   아침, 오전
- [ ] **noon**   정오, 낮 12시

Q

Boy: Is it cold outside?
Girl: No, it is hot and sunny today.
Q **What is the weather like today?**

(A)

(B)

(C)

🔊 **해석** 🎧 소년: 밖에 추워?
소녀: 아니, 오늘은 덥고 화창해.
질문: 오늘 날씨는 어떤가?

💬 **풀이**   **정답 (C)**

질문은 "오늘 날씨는 어떤가"라고 묻고 있으므로 대화에서 오늘의 날씨를 잘 들으면 답을 찾을 수 있습니다. 'sunny(화창한)'라는 단어를 알면 쉽게 맞출 수 있는 문제입니다. 따라서 정답은 (C)입니다.

Aa 어휘   `adv` **outside** 밖에   `n` **today** 오늘   `adj` **hot** 더운   `adj` **cold** 추운
`n` **weather** 날씨   `adj` **sunny** 화창한

💡 **Tip**

위의 문제에서와 같이 날씨 표현을 알아야 맞출 수 있는 문제들이 있습니다. 평소에 날씨 표현 단어들을 미리 알아 두도록 합시다.

Q

Girl: When is your birthday party?
Boy: Today at five o'clock.
Q What time is the birthday party?

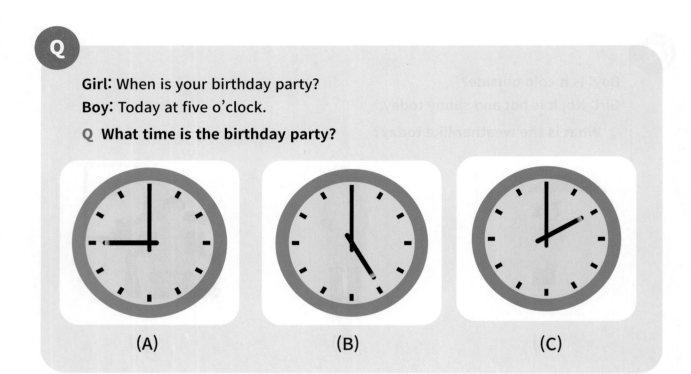

(A)   (B)   (C)

🔊 해석   🎧   소녀: 너 생일 파티는 언제야?
소년: 오늘 다섯 시 부터야.
질문: 생일 파티는 몇 시에 시작하는가?

💬 풀이   정답 (B)

질문에서 파티의 시간을 묻고 있으므로 대화에서 파티 시간을 찾으면 됩니다. 'five o'clock(5시)'를 가장 알맞게
표현한 그림을 찾아야합니다. 따라서 정답은 (B)입니다.

Aa 어휘   n **birthday** 생일   n **party** 파티   adv **o'clock** ~시(정확한 시간)

💡 Tip

상대방에게 시간을 물어볼 때, "What time is your birthday party?"의 문장처럼 'What time~?' 이라는 표현을
사용합니다.

Q

Boy: When does school start?

Girl: It starts at eight o'clock.

Q What time does school start?

(A)　　　　　　　　(B)　　　　　　　　(C)

🔊 **해석** 🎧 소년: 학교는 몇 시에 시작해?

소녀: 8시에 시작해.

질문: 학교는 몇 시에 시작하는가?

💬 **풀이**　　　정답 **(A)**

질문에서 학교가 시작하는 시간을 묻고 있으므로 대화에서 학교가 시작하는 시간을 찾으면 됩니다. 'eight o'clock (8시)'를 가장 알맞게 표현한 그림을 찾아야합니다. 따라서 정답은 (A)입니다.

Aa 어휘　　n　**school**　학교

💡 **Tip**

'When'은 대략적인 시기 혹은 시간을 물어볼 때 사용하고 **'What time'**은 정확한 시간을 물어볼 때 사용합니다. 두가지 표현을 헷갈리지 않도록 주의하세요!

Tip 세 그림 모두 숫자 그림인 것으로 보아, **수**와 관련된 대화겠군요!

Q1

🎧 **Listen to the conversation and choose the best picture.**
영어 대화를 듣고 알맞은 그림을 고르세요.

Q How many cats do they see?

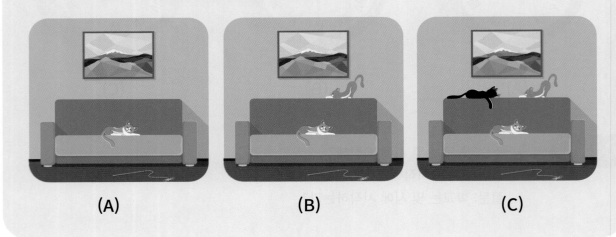

(A)   (B)   (C)

토셀쌤의 문제 풀이 Tip!

위의 문제와 같이 대화를 처음부터 끝까지 들어야 질문이 무엇인지 파악하고
알맞은 정답을 찾을 수 있습니다. 꼭 **대화의 전체적인 내용**을 들을 수 있도록
하세요!

Tip 세 그림 모두 숫자 그림인 것으로 보아, **수**와 관련된 대화겠군요!

Q2

Listen to the conversation and choose the best picture.
영어 대화를 듣고 알맞은 그림을 고르세요.

Q How many momkeys do they see?

(A)   (B)   (C)

헷갈리기 쉬운 표현 Tip!

＊ 동물 영어표현

한 가지 동물이 아닌 여러가지 동물이 등장할 수 있으므로 평소 동물 이름들을 알아두어야 합니다.

ex bear 곰   elephant 코끼리   giraffe 기린   lion 사자   tiger 호랑이   shark 상어

구형 2 대화에 알맞은 그림 고르기

유형 3
사물 / 동물 / 음식

사물, 동물 또는 음식의 이름을 묻고 답하는 대화가 자주 나옵니다.

가끔 사물이나 동물의 색이 무엇인지를 물어보는 경우가 있습니다. 따라서 주어진 질문을
미리 본 후 그 질문이 묻는 것에 초점을 맞춰 대화를 들으며 답을 찾아야 합니다.

• 사물 영어표현		• 동물/음식 영어표현	
☐ eraser	지우개	☐ meat	고기
☐ letter	편지	☐ fruit	과일
☐ toy	장난감	☐ hippo	하마
☐ clock	시계	☐ fox	여우

Step 1. Example

Q

Boy: The pink box is mine, right?
Girl: No, your gift is the blue box.

Q What is the boy's gift box?

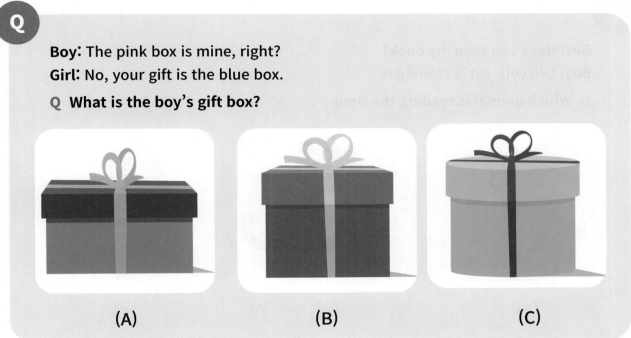

(A)   (B)   (C)

🔊 **해석** 🎧 소년: 분홍색 상자가 내 거지, 맞지?
소녀: 아니, 너의 선물은 파란색이야.
질문: 어떤 것이 소년의 선물 상자인가?

💬 **풀이**   **정답 (A)**

질문에서 소년의 선물 상자 색을 묻고 있습니다. 소년은 분홍색 상자가 자신의 것인지 물었지만, 소녀는 파란색 상자가
소년의 선물이라고 말했습니다. 따라서 정답은 (A)입니다.

Aa **어휘**   pron **mine** 나의 것   n **gift** 선물

💡 **Tip**

위의 문제와 같이 **색깔과 관련된** 질문이 등장하는 경우가 있으니 색깔관련 영어 표현들을 미리 익혀두도록 합시다.

Q

Girl: Have you seen my book?
Boy: Oh, your cat is reading it.
Q **Which animal is reading the book?**

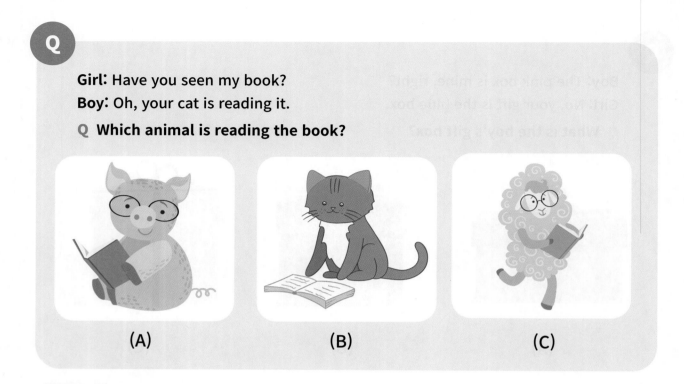

(A)   (B)   (C)

🔊 해석   🎧 소녀: 내 책 봤어?
소년: 아, 너의 고양이가 읽고 있어.
질문: 어느 동물이 책을 읽고 있는가?

💬 풀이   정답 (B)

선택지에는 다양한 동물들이 같은 동작을 취하고 있어 헷갈릴 수는 있지만 대화를 집중해서 들으면 'cat'이라는 단어가 나옵니다. 'cat(고양이)'을 이해하면 쉽게 맞출 수 있는 문제입니다. 따라서 정답은 (B)입니다.

Aa 어휘   ⓝ **book** 책   ⓝ **sheep** 양   ⓝ **pig** 돼지   ⓝ **cat** 고양이
ⓥ **read** 읽다

💡 Tip

문제에 동물 이름이 등장하는 경우가 많습니다. 한 가지 동물이 아닌 여러가지 동물이 등장할 수 있으므로 **동물 관련 영어 단어들을 익히도록 합시다.**

Q

🎧 **Boy:** Do you like animals?

Girl: Yes, I like to watch dolphins jump.

Q Which animal does the girl like?

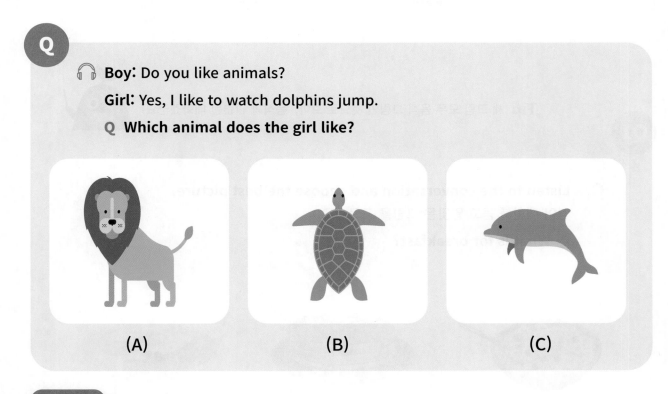

(A)　　　　　　　　　(B)　　　　　　　　　(C)

🔊 **해석**

🎧 소년: 동물 좋아해?

소녀: 응, 나는 돌고래들이 뛰어오르는 것을 보는 걸 좋아해.

질문: 소녀는 어느 동물을 좋아하는가?

💬 **풀이**　　　　**정답 (C)**

대화를 집중해서 들으면 'dolphin'이라는 단어가 나옵니다. 'dolphin'이라는 단어를 이해하면 가장 알맞은 그림을 맞출 수 있습니다. 따라서 정답은 (C)입니다.

Aa 어휘　　v **jump** 뛰다, 뛰어오르다　　n **dolphin** 돌고래　　n **animal** 동물

💡 **Tip**

'I like to~'는 '...하는[되는] 것을 좋아하다'라는 의미로 어떤 것을 하는 것을 선호할 때 사용할 수 있는 표현입니다.

Tip 세 그림 모두 음식 그림인 것으로 보아, **음식**과 관련된 대화겠군요!

Q1

🎧 **Listen to the conversation and choose the best picture.**
영어 대화를 듣고 알맞은 그림을 고르세요.

Q What is for breakfast?

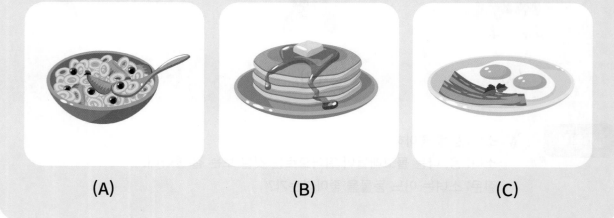

(A)   (B)   (C)

토셀쌤의 문제 풀이 Tip!

주어진 선택지를 미리 본 후 그 질문이 묻는 것에 초점을 맞춰 대화를
들으며 정답을 찾아야 합니다. 위의 질문 같은 경우 음식에 관한 질문이니
어떤 음식을 언급할지 자세히 듣는 것이 중요합니다.

Tip 선택지의 그림과 관련된 단어를 주의깊게 들어보세요!

Q2

🎧 **Listen to the conversation and choose the best picture.**
영어 대화를 듣고 알맞은 그림을 고르세요.

Q **What is Tom picking from the farm?**

(A)

(B)

(C)

유형 3 대화에 알맞은 그림 고르기

함께 알아두면 좋을 표현

✻ **Where + be동사 ~?**

'Where + be동사 ~?'는 '~이 어디 있어?'라는 의미로 어떤 것이 어디에 있는지 물어볼 때 사용하는 표현입니다. 'Where + be동사 ~' 뒤에는 항상 명사가 옵니다.

ex **Where are** my keys? 내 열쇠는 어디 있지?

Appendix

A

after	prep. 후에
airport	n. 공항
angry	adj. 화가 난
animal	n. 동물
artist	n. 화가, 예술가
at	prep. ~에(서)
August	n. 8월
aunt	n. 이모, 고모, (외)숙모

B

baby	n. 아기
banana	n. 바나나
bathroom	n. 화장실
beach	n. 해변
bedroom	n. 침실
behind	prep. ~뒤에
between	prep. ~사이에
bicycle	n. 자전거
big	adj. 큰; adv. 크게
birthday	n. 생일
black	adj. 검은
blue	adj. 파란색

book	n. 책
box	n. 상자
bread	n. 빵
broken	adj. 부러진, 깨진
brush teeth	이를 닦다
busy	adj. 바쁜

C

call	v. 전화하다
car	n. 차
careful	adj. 조심스러운
cat	n. 고양이
chair	n. 의자
chef	n. 요리사
chicken	n. 닭
circle	n. 동그라미
class	n. 수업
clean	v. 청소하다
cold	adj. 추운
come	v. 오다
cook	v. 요리하다; n. 요리사
cookie	n. 쿠키
couch	n. 소파
cow	n. 소

crab	n. 게	gift	n. 선물
D		give	v. 주다
designer	n. 디자이너	globe	n. 지구본
dinner	n. 식사, 저녁	go to sleep	자다
dish	n. 접시	good	adj. 즐거운, 좋은
doctor	n. 의사	grandfather	n. 할아버지
dolphin	n. 돌고래	grandparents	n. 할아버지와 할머니
dolphin show	돌고래 쇼	green	adj. 녹색의
drive	v. 운전하다	guitar	n. 기타
E		**H**	
eat	v. 먹다	happy	adj. 행복한
exercise	v. 운동하다	hat	n. 모자
F		home	n. 집
family	n. 가족	hot	adj. 더운 [뜨거운]
farmer	n. 농부	house	n. 집
fly	v. 날다, 날리다	how old	(나이 등이) 얼마나 오래된
Friday	n. 금요일	hungry	adj. 배고픈
friend	n. 친구	**I**	
G		in	prep. ~안에
garage	n. 차고, 주차장	**J**	
garden	n. 정원	job	n. 일, 일자리
gardener	n. 정원사	July	n. 7월

June	n. 6월		motorcycle	n. 오토바이
just	adv. 방금		mouth	n. 입

K			**N**	
key	n. 열쇠		new	adj. 새, 새로운
kitchen	n. 부엌		next to	prep. 옆에
kite	n. 연		November	n. 11월
know	v. 알다		nurse	n. 간호사
Korea	n. 한국			

L			**O**	
ladybug	n. 무당벌레		o'clock	adv. ~시(정확한 시간)
living room	n. 거실		on	prep. ~위에
lunch	n. 점심		orange	adj. 오렌지색, 주황색
			outside	adv. 바깥에; adj. 바깥쪽의
M			over	prep. ~위에 (표면에 떨어져서)
mango	n. 망고			

M			**P**	
mango	n. 망고		paint	v. 그림을 그리다
May	n. 5월		park	n. 공원
maybe	adv. 아마, 어쩌면		party	n. 파티
meet	v. 만나다		picture	n. 그림
mine	pron. 나의 것		pig	n. 돼지
mirror	n. 거울		playground	n. 놀이터
Monday	n. 월요일		pleasure	n. 기쁨, 즐거움
monkey	n. 원숭이		police officer	n. 경찰관
mother	n. 엄마			

purple	adj. 보라색의

R

rabbit	n. 토끼
rain	v. 비가 오다; n. 비
read	v. 읽다
really	adv. 실제로, 진짜로
red	adj. 빨간색의
ride	v. 타다
room	n. 방

S

sad	adj. 슬픈
sandwich	n. 샌드위치
Saturday	n. 토요일
school	n. 학교
scientist	n. 과학자
sharp	adj. (칼날 등이) 날카로운, 뾰족한
sheep	n. 양
shirt	n. 셔츠
sister	n. 여자형제
sleep	v. 자다
snow	v. 눈이 오다; n. 눈
soccer field	n. 축구장

sometimes	adv. 가끔
sorry	adj. 미안한
speak	v. 말하다
square	n. 정사각형
stadium	n. 경기장
star	n. 별
start	v. 시작하다
sunny	adj. 화창한
swim	v. 수영하다

T

table	n. 탁자
take a shower	샤워를 하다
teacher	n. 교사
Thursday	n. 목요일
today	n. 오늘
triangle	n. 세모
truck	n. 트럭
Tuesday	n. 화요일
turtle	n. 거북이

U

uncle	n. 삼촌
under	prep. ~밑에

V

video	n. 영상
violinist	n. 바이올린 연주자

W

waiter	n. 종업원
want	v. 원하다
wash	v. 씻다
watermelon	n. 수박
weather	n. 날씨
white	adj. 흰색의
worried	adj. 걱정하는

Y

yellow	adj. 노란색의
yesterday	n. 어제

Z

zoo	n. 동물원

memo

memo

TOSEL 유형분석집

유형분석집

ANSWERS

PRE-STARTER

Section I.
Listening & Speaking

TOSEL® 유형분석집
유형분석집

ITC 국제토셀위원회

PRE-STARTER
정답 및 해설

Part A-1. Listen and Recognize

⏱ 유형 1 – 사물 (p.28)

Step 3. Practice Test

1. Girl: globe

정답 (A)

해석 소녀: 지구본

풀이 3개의 그림 모두 우리 주변에서 흔히 볼 수 있는 물건들입니다. 지구본(globe)이라는 사물의 이름을 알아야 맞출 수 있는 문제입니다. (B)는 시계(clock), (C)는 농구공(basketball)입니다. 따라서 정답은 (A)입니다.

Words and Phrases globe 지구본 | clock 시계 | basketball 농구공

2. Boy: piano

정답 (C)

해석 소년: 피아노

풀이 3개의 그림 모두 악기의 종류들입니다. 피아노(piano)라는 악기의 이름을 알아야 맞출 수 있는 문제입니다. 따라서 정답은 (C)입니다.

Words and Phrases saxophone 색소폰 | guitar 기타 | piano 피아노

⏱ 유형 2-인물 (p.34)

Step 3. Practice Test

1. Boy: ears

정답 (C)

해석 소년: 귀

풀이 3개의 그림 속 각 얼굴의 한 부분에 동그라미 표시가 되어있습니다. 이 중 '귀(ears)'를 표시하고 있는 그림은 (C)입니다. 따라서 정답은 (C)입니다.

Words and Phrases eyes 눈 | mouth 입 | ears 귀

2. Girl: bored

정답 (A)

해석 소녀: 지루해하는

풀이 3개의 그림 모두 소녀의 감정을 보여주고 있습니다. bored (지루해하는)라는 감정을 나타내는 영어 단어를 알아야 맞출 수 있는 문제입니다. 따라서 정답은 (A)입니다.

Words and Phrases bored 지루해하는 | excited 신이 난, 들뜬 | worried 걱정하는

⏱ 유형 3-동물 (p.40)

Step 3. Practice Test

1. Girl: butterfly

정답 (A)

해석 소녀: 나비

풀이 3개의 그림은 각각 곤충을 보여주고 있습니다. 문제의 'butterfly'는 나비를 뜻합니다. 정답은 (A)입니다.

Words and Phrases butterfly 나비 | spider 거미 | ladybug 무당벌레

2. Boy: brown horse

정답 (C)

해석 소년: 갈색 말

풀이 3개의 그림 모두 각각 다른 색깔의 털을 가진 말의 모습을 보여주고 있습니다. 듣기에서 말의 색이 'brown(갈색의)'이라고 했습니다. 따라서 정답은 (C)입니다.

Words and Phrases horse 말 | white 흰색의 | gray 회색의 | brown 갈색의

⏱ 유형 4-장소 (p.46)

Step 3. Practice Test

1. Boy: bakery

정답 (C)

해석 소년: 빵집

풀이 3개의 그림은 각각 다른 종류의 가게를 보여주고 있습니다. 문제의 'bakery'는 빵집을 뜻합니다. 따라서 정답은 (C)입니다.

Words and Phrases fruit store 과일 가게 | flower store 꽃가게 | bakery 빵집

2. Girl: pet shop

정답 (A)

해석 소녀: 반려동물 용품점

풀이 3개의 그림은 각각 다른 종류의 장소를 보여주고 있습니다. 문제의 'pet shop'은 반려동물 용품점을 뜻합니다. 따라서 정답은 (A)입니다.

Words and Phrases pet shop 반려동물 용품점 | zoo 동물원 | library 도서관

Part A-2. Listen and Recognize

⏱ 유형 1-동작 (p.54)

Step 3. Practice Test

1. Girl: She likes to ride a bike.

정답 (A)

해석 소녀: 그녀는 자전거 타는 것을 좋아한다.

풀이 그림 3개에서 모두 같은 사람이 각각 다른 동작을 하고 있습니다. 문제에서 핵심 부분은 'ride a bike(자전거를 타다)' 입니다. 따라서 정답은 (A)입니다.

Words and Phrases ride a bike 자전거를 타다 | read a book 책을 읽다 | walk 걷다

2. Boy: He can play the violin.

정답 (C)

해석 소년: 그는 바이올린을 연주할 수 있습니다.

풀이 그림 3개에서 모두 같은 사람이 각각 다른 동작을 하고 있습니다. 문제에서 핵심 부분은 'play the violin(바이올린을 연주하다)' 입니다. 따라서 정답은 (C)입니다.

Words and Phrases listen to music 음악을 듣다 | play baseball 야구를 하다 | play the violin 바이올린을 연주하다

⏱ 유형 2-날짜, 시간, 수 (p.60)

Step 3. Practice Test

1. Boy: There are seven books.

정답 (C)

해석 소년: 일곱 권의 책이 있습니다.

풀이 문제에서 책 7권이라고 한 것을 잘 듣고 각 그림 중 맞는 숫자를 나타내는 그림을 찾아 정답을 고릅니다. 따라서 정답은 (C) 입니다.

Words and Phrases five 5 | six 6 | seven 7

2. Girl: The shirt is fifteen dollars.

정답 (B)

해석 소녀: 그 셔츠는 15달러입니다.

풀이 문제에서 15달러라고 한 것을 잘 듣고 각 그림 중 맞는 가격을 나타내는 그림을 찾아 정답을 고릅니다. 따라서 정답은 (B) 입니다.

Words and Phrases ten 10 | fifteen 15 | twenty five 25

⏱ 유형 3-위치 (p.66)

Step 3. Practice Test

1. Girl: She takes a walk at the park.

정답 (C)

해석 소녀: 그녀는 공원에서 산책한다.

풀이 인물의 동작과 위치 모두를 알아야 풀 수 있는 문제입니다. 동작을 나타내는 표현인 'takes a walk'을 잘 이해하고 위치를 나타내는 단어에 귀 기울여 들어야 합니다. 따라서 정답은 (C)입니다.

Words and Phrases take a walk 산책하다 | park 공원

2. Boy: We watch movies at home.

정답 (B)

해석 소년: 우리는 영화를 집에서 본다.

풀이 인물의 동작과 위치 모두를 알아야 풀 수 있는 문제입니다. 동작을 나타내는 표현인 'watch movies'을 잘 이해하고 들어야 합니다. 위치를 나타내는 단어에 귀 기울여 들어야 합니다. 따라서 정답은 (B)입니다.

Words and Phrases watch movie 영화를 보다 | cinema 영화관 | station 역

⏱ 유형 4-직업 (p.72)

Step 3. Practice Test

1. Boy: They are vets.

정답 (A)

해석 소년: 그들은 수의사들입니다.

풀이 각 보기의 그림이 나타내는 직업을 미리 파악해두고 질문을 들어야 합니다. 동물을 치료하고 있는 수의사인 'vet'를 찾아야 합니다. 따라서 정답은 (A)입니다. (B)는 연주를 하고 있는 밴드로 musicians, (C)는 소방관들을 나타내고 있습니다.

Words and Phrases firefighter 소방관 | musician 음악가 | vet 수의사

2. Girl: I like our math teacher.

정답 (C)

해석 소녀: 나는 우리 수학 선생님이 좋아.

풀이 각 보기의 그림이 나타내는 직업을 미리 파악해두고 질문을 들어야 합니다. 3개의 그림 모두 각각 다른 과목 선생님의 모습을 보여주고 있습니다. 듣기에서 과목이 'math'(수학) 이라고 했습니다. 따라서 정답은 (C)입니다.

Words and Phrases music teacher 음악 선생님 | English teacher 영어 선생님 | math teacher 수학 선생님

⏱ 유형 5-색깔, 모양 (p.78)

Step 3. Practice Test

1. Girl: It is a blue triangle.

정답 (A)

해석 소녀: 그것은 파란 삼각형입니다.

풀이 3개의 보기는 각각 다른 모양과 다른 색깔을 나타내고 있습니다. 색깔과 모양을 표현하는 단어를 주의 깊게 잘 듣고 정답을 골라야 합니다. 따라서 정답은 'blue triangle' 파란색 삼각형인 (A)입니다.

Words and Phrases blue 파랑 | green 초록 | yellow 노랑 | triangle 삼각형 | circle 동그라미 | square 정사각형

2. Girl: It is a pink square.

정답 (B)

해석 소녀: 이것은 분홍색 사각형이야.

풀이 3개의 보기는 각각 다른 모양을 나타내고 있습니다. 모양을 표현하는 단어를 주의 깊게 잘 듣고 정답을 골라야 합니다. 'pink'라는 단어만 듣고 (C)를 고르면 오답입니다. 듣기에서 'pink square(핑크색 정사각형)'를 표시하고 있는 그림은 (B)입니다. 따라서 정답은 (B)입니다.

Words and Phrases rectangle 직사각형

Part B. Listen and Respond

⏱ 유형 1-Who 의문문 (p.88)

Step 3. Practice Test

1. Boy: Who has your coat?
    Girl: _____
    (A) She has it.
    (B) Yes, she is.
    (C) She wears glasses.

정답 (A)

해석 소년: 누가 네 코트를 가지고 있니?
소녀: _____
(A) 그녀가 가지고 있어.
(B) 그래, 그녀야.
(C) 그녀는 안경을 써.

풀이 '누가 코트를 가지고 있냐'는 질문에 "그녀가 가지고 있어."라고 대답한 (A)가 가장 적절한 대답입니다. (B)는 Yes/No로 대답하고 있으므로 의문사 질문의 대답으로 적절하지 않고, (C)는 '그녀는 안경을 쓴다'는 질문과 상관 없는 내용으로 오답입니다. 따라서 정답은 (A)입니다.

Words and Phrases coat 코트 | here 여기 | glasses 안경

2. Girl: Who does Emma like?
    Boy: _____
    (A) I like her.
    (B) No, she's busy.
    (C) She likes Nick.

정답 (C)

해석 소녀: Emma는 누구를 좋아하니?

　소년: _____

　(A) 나는 그녀를 좋아해.

　(B) 아니, 그녀는 바빠.

　(C) 그녀는 Nick을 좋아해.

풀이 "Emma는 누구를 좋아하니?"라는 질문에 "그녀는 Nick을 좋아해."라고 대답한 (C)가 가장 적절한 대답입니다. (A)는 "나는 그녀를 좋아해."라는 뜻으로 질문의 대답으로 적절하지 않고, (B)는 Yes/No로 대답하고 있으므로 의문사 질문의 대답으로 적절하지 않습니다. 따라서 정답은 (C)입니다.

Words and Phrases does do의 3인칭 단수 현재형 | busy 바쁜

🕐 유형 2-What 의문문 (p.94)

Step 3. Practice Test

1. Girl: What sport does he like?
   Boy: _____
   (A) Winter.
   (B) Baseball.
   (C) Snowman.

정답 (B)

해석 소녀: 그는 어떤 운동을 좋아하니?

　소년: _____

　(A) 겨울.

　(B) 야구.

　(C) 눈사람.

풀이 '의문사 '무엇을(What)'과 뒤따라 오는 명사 '운동(sport)'을 잘 들었다면 정답을 찾을 수 있습니다. "그는 어떤 운동을 좋아하니?"에 대한 대답으로 "Baseball."이라고 대답한 (B)가 정답입니다. (A)는 계절에 관해 이야기하고 있고, (C)는 질문과 상관없는 내용입니다 따라서 정답은 (B)입니다.

Words and Phrases sport 운동, 스포츠 | winter 겨울 | snowman 눈사람

2. Boy: What are people eating?
   Girl: _____

   (A) It is dark outside.
   (B) He is eating a hot dog.
   (C) They are having hamburgers.

정답 (C)

해석 소년: 사람들은 무엇을 먹고 있니?

　소녀: _____

　(A) 밖은 어두워.

　(B) 그는 핫도그를 먹고 있어.

　(C) 그들은 햄버거를 먹고 있어.

풀이 "사람들은 무엇을 먹고 있어?"에 대한 대답으로 "그들은 햄버거를 먹고 있어"라고 대답한 (C)가 정답입니다. 질문에서 'people(사람들)'을 지칭하는 'they(그들)'이라고 대답하는 것이 적절합니다. 따라서 정답은 (C)입니다.

Words and Phrases dark 어두운 | outside 겉, 밖 | hot dog 핫도그 | hamburger 햄버거

🕐 유형 3-Where 의문문 (p.100)

Step 3. Practice Test

1. Boy: Where does she work?
   Girl: _____
   (A) On Sundays.
   (B) At the hospital.
   (C) In her backpack.

정답 (B)

해석 소년: 그녀는 어디에서 일하니?

　소녀: _____

　(A) 일요일마다.

　(B) 병원에서.

　(C) 그녀의 책가방 안에.

풀이 'Where'로 시작하는 질문으로 장소를 물어보고 있습니다. '그녀는 어디에서 일하냐'는 질문에 "병원에서."라고 말하며 여자가 일하는 장소를 알려준 (B)가 가장 적절합니다. (A)와, (C)는 어디서 일하냐는 질문에 대해 알맞지 알맞지 않습니다. 따라서 정답은 (B)입니다.

Words and Phrases work 일하다 | Sunday 일요일 | hospital 병원 | backpack 책가방

2. Woman: Where is the gift?

   Man: _____

   (A) In my car.

   (B) In October.

   (C) A computer game.

정답 (A)

해석 여자: 선물은 어디에 있니?

   남자: _____

   (A) 내 차 안에.

   (B) 10월에.

   (C) 컴퓨터 게임.

풀이 'Where'로 시작하는 질문으로 장소를 물어보고 있습니다. "선물은 어디에 있니?"라는 질문에 "내 차 안에."라고 말하며 선물이 있는 장소를 알려준 (A)가 가장 적절합니다. (B)는 언제 (When)를 물어보는 질문에 적합한 대답이며, (C)는 무엇 (what)을 물어보는 질문에 적합한 대답이어서 정답으로 알맞지 않습니다. 따라서 정답은 (A)입니다.

Words and Phrases gift 선물 | October 10월 | computer 컴퓨터 | game 게임

🕐 유형 4-When 의문문 (p.106)

Step 3. Practice Test

1. Girl: When do you go to sleep?

   (A) Keep going.

   (B) Never mind.

   (C) After dinner.

정답 (C)

해석 소녀: 넌 언제 자니?

   (A) 계속 가.

   (B) 신경 쓰지 마.

   (C) 저녁 식사 후에.

풀이 'When' 의문사로 시작하여 '언제 자는지'를 물어보는 질문으로, '시간'이나 '때'를 나타내는 단어가 있는 대답을 고르면 됩니다. '저녁 식사 후에'가 가장 적절합니다. 따라서 정답은 (C)입니다.

Words and Phrases keep 계속 ~하다 | sleep 자다 | after ~후에 | dinner 저녁

2. Boy: When is your mother's birthday?

   (A) I hope so.

   (B) Next month.

   (C) Before dinner.

정답 (B)

해석 소녀: 너희 어머니 생신은 언제니?

   (A) 그러길 바라.

   (B) 다음 달에.

   (C) 저녁 식사 전에.

풀이 'When' 의문사로 시작하여 '엄마의 생신이 언제인지'를 물어보는 질문입니다. '시간'이나 '때'를 나타내는 단어가 있는 대답을 고르면 됩니다. (B)가 '다음 달에'라고 말하며 '때'를 알려주고 있습니다. 따라서 정답은 (B)입니다.

Words and Phrases mother 어머니 | birthday 생일 | month 달 | dinner 저녁

🕐 유형 5-How 의문문 (p.112)

Step 3. Practice Test

1. Boy: How do you go there?

   (A) Right now.

   (B) By walking.

   (C) You're welcome.

정답 (B)

해석 소년: 그곳에 어떻게 가니?

   (A) 바로 지금.

   (B) 걸어서.

   (C) 천만에.

풀이 'How'로 시작하여 어떤 장소에 가는 방법을 물어보고 있습니다. 이 질문에 대해 "걸어서."라고 방법을 알려준 (B)가 가장 알맞은 정답입니다. (A)는 'When'을 물어보는 질문에 알맞은 대답이고, (C)는 감사 인사에 대한 대답이므로 오답입니다. 따라서 정답은 (B)입니다.

Words and Phrases now 지금 | walk 걷다

2. Girl: How much is it?

   (A) It is $5.00.

   (B) She is at home.

   (C) That's ok, thank you.

정답 (A)

해석 소녀: 이거 얼마야?

(A) 5 달러야.

(B) 그녀는 집에 있어.

(C) 괜찮아, 고마워.

풀이 'How much'로 시작하여 가격을 물어보는 질문입니다. 이 질문에 대해 "5 달러야."라고 가격을 알려준 (A)가 가장 알맞은 정답입니다. 'How much~'는 주로 양 또는 값을 표현 할 때 쓰는 의문문입니다. (B)는 위치에 대한 대답이고, (C)는 감정 또는 의사 표현에 대한 대답이므로 오답입니다. 따라서 정답은 (A)입니다.

Words and Phrases how much ~ (양·값이) 얼마, 어느 정도 | home 집

🕐 **유형 6-Yes/No 의문문 (p.118)**

Step 3. Practice Test

1. Girl: Can she play the piano?

(A) No, I can't.

(B) Yes, very well.

(C) Yes, it's mine.

정답 (B)

해석 소녀: 그녀는 피아노를 칠 수 있니?

(A) 아니, 난 못해.

(B) 응, 아주 잘.

(C) 응, 그건 내 거야.

풀이 'Can she~'로 시작하여 '그녀는 피아노를 칠 수 있냐'는 질문에 대해 "Yes, very well.(응, 아주 잘.)"이라고 대답한 (B)가 가장 적절한 대답입니다. 질문의 'Can~'과 보기 (A)의 'can't.'라는 말을 듣고 답으로 생각하기 쉽지만 주어가 'I' 이기에 알맞지 않습니다. (C)는 '그것은 나의 것'이라고 말하고 있기 때문에 질문에 적절하지 않습니다. 따라서 정답은 (B) 입니다

Words and Phrases play 연주하다 | piano 피아노

2. Girl: Can he play soccer?

(A) Yes, he can.

(B) No, she can't.

(C) Yes, he's happy.

정답 (A)

해석 소녀: 그는 축구 할 줄 아니?

(A) 응, 그는 할 줄 알아.

(B) 아니, 그녀는 할 줄 몰라.

(C) 응, 그는 행복해.

풀이 'Can he~'로 시작하여 '그는 축구를 할 줄 아느냐'는 질문에 대해 "Yes, he can. (응, 그는 할 줄 알아.)"이라고 대답한 (A)가 가장 적절한 대답입니다. 질문의 'Can~'은 보기 (A)와 (B)가 모두 답이 될 수 있지만 (B)의 주어는 'she(그녀)'이기 때문에 오답입니다. (C)는 감정에 대한 답이기에 오답입니다. 따라서 정답은 (A)입니다.

Words and Phrases play 하다 | soccer 축구 | happy 행복한

🕐 **유형 7-평서문/요청문/명령문 (p.124)**

Step 3. Practice Test

1. Boy: The weather is nice today.

(A) Help yourself.

(B) This is for you.

(C) Let's play soccer.

정답 (C)

해석 소년: 오늘 날씨가 좋아.

(A) 마음껏 먹어.

(B) 이건 널 위한거야.

(C) 축구하자.

풀이 오늘 날씨가 좋다는 말에 대해 (날씨가 좋으니) "축구하자." 라고 대답한 (C)가 가장 적절한 정답입니다. (A)는 음식을 마음껏 먹으라고 할 때 자주 쓰이는 말입니다. (B)는 선물이나 무언가를 주면서 하는 말입니다. 따라서 정답은 (C)입니다.

Words and Phrases weather 날씨 | soccer 축구

2. Boy: Amy is not here.

(A) She eats a burger.

(B) She likes to study.

(C) She missed the bus.

정답 (C)

해석 소년: Amy가 여기에 없어.

(A) 그녀는 버거를 먹어.

(B) 그녀는 공부하는 것을 좋아해.

(C) 그녀는 버스를 놓쳤어.

풀이 Amy가 여기에 없다는 소년의 말에 소녀가 그녀가 없는 이유에 대해 말해주는 것이 가장 적절합니다. 따라서 정답은 (C)입니다.

Words and Phrases here 여기에 | burger 버거 | miss 놓치다 | study 공부하다

Part C. Listen and Retell

⏱ 유형 1-인물/동작 (p.134)

Step 3. Practice Test

1. Boy: Are they your grandparents?
    Girl: Yes. We exercise together.

Q. What are they doing?
    (A) exercise
    (B) shopping
    (C) travel

정답 (A)

해석 소년: 그들은 너희 할아버지 할머니시니?
    소녀: 응. 우린 함께 운동해.

Q. 그들은 무엇을 하고 있는가?
    (A) 운동
    (B) 쇼핑
    (C) 여행

풀이 대화에서 소년은 소녀에게 '너희 할아버지, 할머니시니?'라고 묻고 있고, 소녀는 "Yes. We exercise together." 라고 답변합니다. 'exercise(운동하다)'라는 단어를 알면 쉽게 맞출 수 있는 문제입니다. 따라서 정답은 (A)입니다.

Words and Phrases grandparents 할아버지와 할머니, 조부모님 | exercise 운동하다 | together 함께

2. Boy: Are they your parents?
    Girl: Yes, they are teachers.

Q. What are the girl's parents?
    (A) doctors
    (B) teachers
    (C) singers

정답 (B)

해석 소년: 그들은 너의 부모님이시니?
    소녀: 응. 그들은 선생님들이야.

Q. 소녀의 부모님의 직업은 무엇인가?
    (A) 의사
    (B) 선생님
    (C) 가수

풀이 대화에서 소년은 소녀에게 '그들은 너의 부모님이시니?'라고 묻고 있습니다. 'teacher(선생님)'라는 단어를 알면 쉽게 맞출 수 있는 문제입니다. 따라서 정답은 선생님 모습의 그림인 (B)입니다.

Words and Phrases teacher 선생님 | doctor 의사 | singer 가수 | parents 부모님

⏱ 유형 2-날씨/시간/수 (p.140)

Step 3. Practice Test

1. Boy: There's a cat on the sofa.
    Girl: Oh, look. There's one more.

Q. How many cats do they see?
    (A) one
    (B) two
    (C) three

정답 (B)

해석 소년: 소파에 고양이 한 마리가 있어.
    소녀: 오, 봐봐. 한 마리가 더 있어.

Q. 그들은 몇 마리의 고양이를 보고 있는가?
    (A) 한 마리
    (B) 두 마리
    (C) 세 마리

풀이 소파 위에 각각 다른 숫자의 고양이가 있는 그림입니다. 질문에서 고양이의 수를 묻고 있고 대화에서 고양이가 총 몇 마리인지를 찾으면 됩니다. 먼저 소년이 한 마리가 있다고 했고 소녀는 한 마리가 더 있다고 했습니다. 총 두 마리를 표현한 그림을 찾으면 됩니다. 따라서 정답은 (B)입니다.

Words and Phrases sofa 소파 | more 더 | see 보다

2. Boy: I see two monkeys!
    Girl: Oh, I see another one.

Q. How many monkeys do they see?

    (A) one monkey

    (B) two monkeys

    (C) three monkeys

해석 소년: 나는 원숭이 두 마리가 보여!

    소녀: 오, 난 한마리 더 보여.

Q. 그들은 몇 마리의 원숭이를 보고 있는가?

    (A) 원숭이 한 마리

    (B) 원숭이 두 마리

    (C) 원숭이 세 마리

풀이 각각 다른 숫자의 원숭이가 있는 그림입니다. 질문에서 원숭이의 수를 묻고 있고 대화에서 원숭이가 총 몇 마리인지 찾으면 됩니다. 먼저 소년이 두 마리가 있다고 했고 소녀는 한 마리가 더 있다고 했습니다. 총 세 마리를 표현한 그림을 찾으면 됩니다. 따라서 정답은 (C)입니다.

정답 (C)

Words and Phrases see 보다 | two 둘 | monkey 원숭이 | another 또 하나

⏱ 유형 3-사물/동물/음식 (p.146)

Step 3. Practice Test

1. Boy: What's for breakfast?

    Girl: Bacon and eggs. Help yourself.

Q. What is for breakfast?

    (A) cereal

    (B) pancake

    (C) bacon and eggs

정답 (C)

해석 소년: 아침은 뭐야?

    소녀: 베이컨과 달걀. 마음껏 먹어.

Q. 아침 식사는 무엇인가?

    (A) 시리얼

    (B) 팬케이크

    (C) 베이컨과 달걀

풀이 각각 다른 종류의 음식 그림들이 있고, 질문에서는 아침식사가 무엇인지를 묻고 있습니다. 대화에서 소년은 아침식사가 무엇이냐고 물었고, 이에 대해 소녀는 베이컨과 계란이라고 대답했습니다. 따라서 정답은 베이컨과 계란 그림이 있는 (C)입니다.

Words and Phrases breakfast 아침식사 | bacon 베이컨 | egg 달걀 | Help yourself 마음껏 드세요.

2. Boy: Where is Tom?

    Girl: He is picking apples from the farm.

Q. What is Tom picking from the farm?

    (A) apple

    (B) banana

    (C) strawberry

정답 (A)

해석 소년: Tom은 어디 있어?

    소녀: 그는 농장에서 사과를 따고 있어.

Q. Tom은 농장에서 무엇을 따고 있는가?

    (A) 사과

    (B) 바나나

    (C) 딸기

풀이 각각 다른 종류의 음식 그림들이 있고, 질문에서는 Tom이 농장에서 무엇을 따고 있는지 묻고 있습니다. 대화에서 소년이 Tom이 어디 있는지 물었고, 이에 대해 소녀는 그는 농장에서 사과를 따고 있다고 대답했습니다. 따라서 정답은 사과 그림이 있는 (A)입니다.

Words and Phrases pick 따다 | apple 사과 | farm 농장

memo

memo

memo

국제토셀위원회

TOSEL
유형분석집

PRE-STARTER

Section I.
Listening & Speaking